新聞社デスク流

熱血作文教室

元朝日新聞記者
中村 正憲

関西学院大学出版会

新聞社デスク流　熱血作文教室　目次

はじめに

新聞社を辞めた後、縁あって２０１９年春から兵庫県西宮市の関西学院大学で「作文講座」を受け持つことになった。新聞記者やデスクを30年余りつとめ、そこで身に付けた文章術を教えている。学生たちには、授業中に即席のテーマを示し、８００字の作文を1時間で書いてもらう。スマホ検索やコピペは厳禁。自分の脳内の内部留保だけで、「原稿用紙」を埋めていく作業だ。

２０１９年春から、これまで4年間で受講した学生は約２００人。提出された作文は、新聞社のデスクに戻った気分で、青ペンを使って添削した。そして、文法力、表現力、思考力をそれぞれ10点満点で評価し、翌週、講評を書いて返した。

学生たちは、携帯電話がなかった時代を知らない「Z世代」と呼ばれる。スマホを使った文字入力は得意だが、まとまった行数を「書く」経験は少ないことが見てとれる。伝えたいことが混濁して、理解しにくい文章が多々あった。それらに共通する「失敗」は、どれもが似通っている。そこを修正するだけで、文章は劇的に変わる。

一方、こちらも様々な刺激を受けてきた。特に、新型コロナウイルスの感染が広がった2020年以降、キャンパスライフを失った学生たちには同情した。「コロナ」をテーマに課題を出すと、「まだ誰一人ともしゃべっていない」「留学ができない」「リモートの化学実験って意味ない」など、つらい心情が作文に吐き出された。個室から届くオンライン上の「叫び」に、青ペンで共感の添削文を返信することしかできなかった。

「人間というのは、筆をとって文章を書き始める時、そのとき初めて自分の頭で本当にものを考え出すのではないか」。朝日新聞でかつて天声人語を執筆した疋田桂一郎さんが、社内研修で語っていた言葉である。原稿用紙（パソコン画面）を前に、筆の進まない学生たちを見るとき、この言葉を思い出す。SNS上で「脊髄反射」のような応答がはびこる時代に、じっくり考えて言葉を吟味する時間が少しはあってもいいだろう。学生たちの呻吟する姿を見るのは、楽しい。彼ら彼女らの作文を精読しながら、陥りがちなミスを共有してもらう目的でこの本を書くことにした。そして、相手を論破するのではなく、得心させ、共感を呼び起こす文章を書ける技を磨いてほしいと願っている。

◀コロナ禍直前。授業はまだ対面だった（2019年12月19日、関西学院大学）

第1章　読まれる文章

私は、１９８３年4月に朝日新聞社に入社した。最初の配属先は和歌山支局だった。当時、新人記者の赴任先は「出身地以外」と「通った大学の所在地以外」という鉄則があった。そのルール通り、私にとって和歌山は足を踏み入れたことのない土地だった。そこでの2年間は、警察回りに明け暮れた。小さな町で起きた役場職員による30億円横領事件に振り回され、覚せい剤をめぐる連載記事の取材で県内を奔走した。

その後、計7カ所の地方支局や大阪本社の整理部や社会部で記者をつとめ、論説委員の4年間では社説を書いた。そして、２０１９年1月、社会部記者を最後に新聞社をリタイアした。約36年間の大部分を新聞記者として過ごし、そのうち7年間は、デスクとして記者たちの原稿に手を入れてきた。

最初の記事に赤面

これまで書いた新聞記事は、すべて切り抜いてスクラップブックに貼り、その数は40冊に達していた。1冊目の1ページ目に、最初の新聞記事が載っている。それは、次の記事だ。見出しは「お辞儀の角度は15度で　新入社員ただいま特訓中」。１９８３年4月19日の朝日新聞和歌山版に掲載された。先輩記者に何度も直された記憶がある。

新人スタートの**季節**。和歌山市・ぶらくり丁のファッション店で、フレッシュマンたちが研修に励んでいる。六日間で四十八時間の過密スケジュールをこなすだけに、どの顔も**真剣**。

〝特訓〟を受けているのは、大卒四人（うち男子二人）、短大卒二人、高卒十人とほとんどが女性の**十六人**。研修は「過当競争の業界では、品物をただ並べていては売れません」と、サービス面が**中心**。好印象を与えるため、お辞儀の角度は「いらっしゃいませ」で十五度、品物を買ってもらった客には三十度で、と厳しく、上手な包装の仕方など、すべてが客本位だ。

近く、全員が売り場に立つ**が**、「日ごろ使い慣れない敬語は難しい」とある高卒の**女性**。大卒男性は「ブランド名を覚えるのが大変です」。研修の成果が試されるのはこれからだ。

悪文である。いま読み返すと、顔から火が出るほど恥ずかしい。まず、九つのセンテンスのうち、五つが体言止めで終わっている。「体言止めは文章を軽薄にする」と、後々、デスクになった私は、後輩たちにその多用を厳しく戒めてきた。それがこの始末である。できるだけ多くのニュースを載せたい新聞にとって、記事は簡潔でなければならない。そのため、文を短くしようとして体言止めばかりになりがちだ。しかし、この記事は論外に多い。

気になる記述は他にもある。研修に参加した新人は、ほとんどが女性なのに「フレッシュマン」とは何事だろう。「マン」ではないだろう。「ジェンダーフリー」という言葉が流布していない、男性優位の昭和時代だとしても言い訳は通用しない。カタカナ英語にすればおしゃれだという浮ついた感じが、垣間見える。ここは「新入社員」と書けばいい。

1983.4.19.

お辞儀の角度は15度で
「いらっしゃいませ」
新入社員ただいま特訓中

新人スタートの季節。和歌山市・ぷらくり丁のファッション店で、フレッシュマンたちが研修に励んでいる。六日間で四十八時間の過密スケジュールをこなすだけに、どの顔も真剣。
"特訓"を受けているのは、短大卒四人（うち男子二人）、大卒二人、高卒十人とほとんどが女性の十六人。研修は「過当競争の業界では、品物をただ並べていては売れません」と、サービス面が中心。好印象を与えるため、お辞儀の角度は「いらっしゃいませ」で十五度、品物を買ってもらった客には三十度で、と厳しく、上手な包装の仕方など、すべてが客本位だ。
近く、全員が売り場に立つが、「日ごろ使い慣れない敬語は難しい」とある高卒の女性。大卒男性は「ブランド名を覚えるのが大変です」。研修の成果が試されるのはこれからだ。

「いらっしゃいませ」と、お辞儀の練習をする新入社員たち ＝和歌山市・ぷらくり丁のファッション店で

◀和歌山版に掲載された最初の記事（1983年4月19日付）

また、「ファッション店」の固有名詞がない。読者は「どこの店?」と気になるはずだ。公共放送のＮＨＫではあるまいし、なぜ店の名前を書かないのか。

さらに、最後から2行目の「が」。逆説の接続助詞ではなく、単なるつなぎの言葉になっている。この意味もない「が」は、文章のリズムを奪う元凶だ。意味のない「が」の追放も、後輩たちに伝えてきたルールだ。突っ込みどころ満載の新聞記事である。

文章の5点評価

２００5年春から論説委員をつとめた。新聞社の考え方といえる「社説」を書くのが主な仕事だ。当時、東京本社にある論説委員室には、「論説委員のガイダンス」という紙がファイルにとじてあった。こんなことが書かれていた。

自分が担当する分野の情勢や出来事に目を配り、タイムリーに社説や夕刊コラム「窓」を書くことが基本的な仕事。直接の担当以外のことにも関心を持ち、議論に加わることが求められる。

約30人の論説委員を束ねるリーダーを論説主幹と呼んだ。私が論説委員になったとき、若宮啓文《よしぶみ》さんがその職にあった。政治部記者として鳴らし、政治部長をつとめた若宮さんは、「闘う社説」という看板を掲げ、朝日新聞の論を主導していた。闘う相手は「強力な権力であったり、不健全なナショナリズムであったりと、いろいろだ。社説の闘いとは世論の陣地取りだ」と、常々語っておられたことを思い出す。

若宮さんは、新聞記事の「5段階採点表」をつくって我々に示したことがある。

1点　読んでもらえた
2点　文章の意味が理解してもらえた
3点　なるほどと、共感してもらえた
4点　評判になった
5点　おかげで事態が動いた

論説委員になりたてのころ、1点でも取れるだろうかと冷や汗が流れる思いがした。まして や、4点、5点なんて夢のまた夢。せめて3点を目標にと、社説執筆に励んだものである。いかにして読んでもらうか。最少得点の1点でさえ、これはなかなか高いハードルなのである。講義を受ける学生たちには、とにかく2点レベルの、「理解してもらえる文章」づくりを目指してもらった。

見出しで決めよう

読んでもらうためには、どうしたらいいか。逆に、読む気が起こらない、あるいは途中でなえてしまう文章について考えることにする。読む気が失せる文章には次の三つの特徴がある。

❶ 見出しが平凡、意味不明
❷ 一文が長い
❸ 漢字が多すぎる

まず、見出しについて。２０２０年、「文章表現」という私の授業を取っていた約80人の学生たちに、「ふるさと」をテーマに作文を書いてもらった。主な見出しをここに書き出してみた。

作文テーマ「ふるさと」の主な見出し

1	思い焦がれる場所	10	ふるさとを離れない理由
2	あたたかみ	11	ふるさとを出よう
3	私のホームタウン	12	ふるさとは一つじゃない
4	守りたい	13	ふるさとはどこにあるか
5	私の帰る場所として	14	魅力がなかろうとも
6	地元の景色を振り返る	15	上京した者たちへ
7	イメージと現実	16	西宮市の好きなところ
8	父とふるさと	17	未だ残る傷跡
9	ふるさとへの自覚	18	キムチの香り

さて、これらの見出しを見て、読んでみようと思うのはどれだろう。

1〜6は、思いは伝わるが、ありきたり過ぎて結末が想像できそうだ。7は理念先行で「?」と思ってしまう。8〜13は、作文のタイトルが「ふるさと」であるから、「ふるさと」という言葉がダブってすっきりしない。14と15は、どこの土地だろうと興味をそそられる。16は具体的な地名が出てくるので、少し読んでみるかという気にさせる。17は、「傷跡」の言葉にドキリとする。地震や豪雨災害に見舞われた熊本出身の学生の作文だった。体験を踏まえているだけに、訴える力があった。そして、18は五感が刺激されたうえに、ふるさとと「キムチ」にどんな関係があるのかと興味をかきたてられ、一気に読んだ。

「キムチの香り」の全文を、ここに掲載する。

今日の題　「ふるさと」

見出し　**「キムチの香り」**

私の生まれ育ったふるさとは、大阪・鶴橋。関西一のコリアンタウンと呼ばれている。現在はおしゃれなカフェや居酒屋なども増え、すっかり観光スポットになっている。しかし、昔の鶴橋はとても治安が悪く、子供達だけで夜に出歩くのは少し危険だった。そんな鶴橋を、私はあまり好きではなかった。8歳の夏に起こったある出来事以前は。

幼いころから野球をやっており、その日も早朝から少年野球の練習があった。しかし、寝坊した私はその集合時間に遅刻してしまった。それまで遅刻したことがなかったため、コーチ達にはさほど叱られはしなかったのだが、帰宅した後、父親の大きな雷が落ちた。とても厳格な父は、罰としてご飯抜きと家の外で寝ることを命じた。

ユニフォーム姿のまま家を追い出された私は、半泣きになりながら2時間ほど玄関の前で途方に暮れていた。空が赤く染まった午後7時ごろ、空腹が限界を迎え、私は鶴橋駅前の商店街へ向かっていた。
財布も持っていなかったのであてもなく商店街を歩いていると、泥だらけの姿を哀れに思ったのか、一人のおばさんが話しかけてくれた。「お腹すいた？　なんか食べる？」。嬉しさと照れ臭さで、黙ったまま頷いたことを覚えている。
そのおばさんは、すぐに白ご飯とキムチを出してくれた。その時のアツアツのご飯の味と、キムチの香りは一生忘れない。泣きながらすぐに完食し、お礼を言ってその日は帰った。
後日お代を支払いに店に行くと、「いいよ、いいよ」と言ってくれた。その時話しかけてくれたワンさんとは今でも交流がある。おしゃれなスポットが増え、街も変わりつつあるが、人情味のある下町っぽい部分も残っている。今ではそんな鶴橋が大好きだし、心から誇れるふるさとだ。
２０２０年10月22日
社会学部２年　竹田　陽樹
まるでドラマを見ているような読後感に包まれた。これまで、４年間で約１３００編の学生の作文を添削したなかで、最も優秀な作文のひとつだ。この文章の良いところは、「いつどこで誰が何をした」か、が明確に伝わってくる点だ。

「いつ」（ＷＨＥＮ）
　８歳の夏、午後７時ごろ
「どこで」（ＷＨＥＲＥ）
　大阪の鶴橋駅前の商店街で
「誰が」（ＷＨＯ）
　筆者が
「何を」（ＷＨＡＴ）
　おばさんに白いご飯とキムチを食べさせてもらった
「なぜ」（ＷＨＹ）
　父親に遅刻をしかられて家を閉め出され、町を歩いていたら、おばさんに同情された

記事の鉄則５Ｗ１Ｈ

「ＷＨＥＮ」「ＷＨＥＲＥ」「ＷＨＯ」「ＷＨＡＴ」「ＷＨＹ」に、「ＨＯＷ（どのように）」を加えて、「５Ｗ１Ｈ」と言う。ニュースを伝えるための絶対要素だと、駆け出しの記者時代にたたきこまれた。火事も、殺人も、桜の開花も、卒業式も、すべてにこの要素が求められた。

竹田さんの文章は、「５Ｗ」が明確に書かれたうえ、それを肉付けする表現がうまい。「空が赤く染まった」「泥だらけのユニフォーム」「アツアツの白ごはんとキムチ」など。具体的な情景が骨格を引きたてる。読者は色や香りを思い浮かべ、味覚まで刺激されてしまう。涙で顔を濡らし、キムチご飯を食べる竹田さんの姿をカメラでとらえたら、きっと素敵な一枚になったことだろう。

実は、５Ｗ１Ｈを盛り込むことはなかなか難しい。次の文章は「移民社会が来る」をテーマに、ある学生が書いた文章の一部分である。

「私が働いていた居酒屋にはフィリピン人の社員が何人かいた。その一人に時給を聞いたとき、少ないという印象を受けたのを覚えている」

なんとなくイメージは浮かんでくるが、全体がぼやけている。「5W1H」を意識して、書き換えてみた。

「私は○○駅の近くの居酒屋チェーンで、大学1年のときに、アルバイトをしていた。時給は1000円。1カ月に約6万円の収入があった。そこでは、フィリピン人の若者も2人働いていた。時給を聞くと900円だと言った」

ここで、時給を「少ない」と表現するより、日本人学生より100円少ないと、具体的にわかるようにすることが大切だ。「技能実習生」をはじめとする外国人労働者への低待遇の実態が、よりリアルに読者に届きやすい。そして、「WHY」を意識すること。「なぜ、彼らの時給は安いのか」という疑問を、自分なりに考えていくことで問題意識が芽生えてくる。日ごろから観察眼を鍛えておかないと、5W1Hを盛り込むことは難しい。せめて、「いつどこで誰が」の「3W」ぐらいは常に意識しておこう。

見出しをつける「プロ集団」

12ページに掲載した竹田さんの作文は、見出しでひきつけ、期待を裏切らなかった。作家の井上ひさしは「題名をつけるということで三分の一以上は書いた、ということになります」と著書『井上ひさしと141人の仲間たちの作文教室』（新潮文庫）で説いている。書きたいことが混乱する人ほど、見出しが混迷している。学生たちの文章のうまさは、見出しの出来と比例しているというのが実感だ。

文章を読みたくさせる見出しの特徴は、具体的かどうかである。読者に何かをイメージさせれば、勝ちだ。「キムチの香り」はその好例である。

しかし、なかなか見出しが頭に浮かばない。ああでもない、こうでもないと考え、煮詰まってしまう。そんなことが私にもあった。

1989年から3年余り、大阪本社の整理部に勤務した。転勤で異動になった当初は、「政治部」や「社会部」に比べ、なんと地味な部署だろうと正直落ち込んだ。名刺をつくっても渡す機会は減り、たまに渡したとしても相手からは「整理部って何？」と不思議がられた。そのたびに、仕事の中身を説明した。

「記者たちが出稿した記事から、その日に掲載する記事を選び出し、見出しをつけて、紙面をレイアウトする仕事です」と。

締め切り時間を意識しながら、空白の新聞紙面を文字や写真でレイアウトしていく作業は困難を極めた。社会面やスポーツ面を担当することが多かったので、夜の締め切り寸前に飛び込んでくる記事に、胃が締め付けられた。そんなとき、ポーカーフェースで淡々と仕事をする先輩の姿に、「職人芸」を見た。整理部は見出しを付けるプロ集団だった。

ひとことで言えば何なのさ

やがて、この部署の重責に気づいた。その日に出稿された記事を読んで、瞬時にニュース価値を判断し、見出しをつけなければならないのだ。別の言い方をすれば、ニュース価値がないと判断すれば、たとえエース記者が書いた記事でも没にすることができた。記者たちの記事を採用するか没にするか、「生殺与奪」の権限を持っていたのである。朝刊の締め切りは深夜になるため、整理部員は夕方に出勤し、朝帰りすることが多い。「夜の仕事」は不健康極まりなかったが、うまく見出しが決まった日には、刷りたての新聞を開くのが楽しみだった。

スポーツ面を担当したある日、札幌でプロ野球の広島対巨人戦があり、広島カープが勝った。その見出しが決まった。翌朝の民放のラジオ番組で、ディスクジョッキーが「見出しの曲」を歌ってくれたのには驚いた。石原裕次郎のあの名曲『恋の街札幌』だった。

整理部時代に学んだ見出しの付け方の極意は、ただ一つ。

コイの街札幌
川口―大野 好リレー
巨人を

◀札幌でカープ快勝
「コイ」の街札幌
（1991年7月10日付）

「それって、一言でいったらなんなのさ」

どんなに長くても見出しは12文字まで。新聞の一面トップ記事の見出しなら「10文字以上はだめ。８字、９字が最適」と先輩の整理記者に教わった。私が授業で書かせた作文の見出しは、11文字までと制限した。その短い言葉が浮かべば、筆は進み始める。いや、いまならキータッチのスピードが速くなる。

２０１９年春、「悔しかった出来事」というテーマで作文を書かせた。ある学生が、高校時代に所属したバレーボール部が、決勝で敗れた悔しさを書いてきた。最後のボールが自分の前にポトリと落ちてゲームセットになった。「悔しかった。それは一瞬の出来事だった」と作文に書いてあった。学生の作文の見出しは「青春と一瞬」。思いはわかる。だが、読者には何のことかイメージできない。

「目の前で落ちたボール」と、見出しを書き換えて本人に返した。その学生は「私が伝えたかったのはこれだ。この文章を読みたいと感じ、胸の高鳴るのを覚えた。今後、文章や見出しを書くときは、読んでいる人の光景を思い浮かべながら書こうと思う」と感想をつづっていた。

まさにその通り。読んでいる読者に対し、「悔しかった出来事とは何か」を伝える見出しにしなければならない。それは具体的であればあるほどいいのである。

見出しには「ABCDE原則」がある。

Ⓐ 魅力的（ATTRACTIVE）
Ⓑ 簡潔（BRIEF）
Ⓒ 正確（CORRECT）
Ⓓ 品位（DIGNIFIED）
Ⓔ 平易（EASY）

人をひきつけ、短く、正しく、下品にならず、そして易しく。朝日新聞大阪本社整理部が作った教本『編集ノート』にそう書かれていた。

息継ぎできないクロール

読む気が起きない文章の特徴の二番目は、一文が長いものだ。文章が長いと、途中で意味がわからなくなる。馬齢を重ねると記憶力がどんどん減退し、長い文章を読むのが億劫《おっくう》になってきた。

「大学で私がやりたいこと」をテーマに、学生が書いた次の文章を読んでみよう。

そして、その本のなかで多くの人が書いていたのが、生まれ育った環境が違ったり、様々な学部を専攻している人たちと交流することによって、自分の視野を広げたり、社会問題に気づいたりすることが重要だということだった。（103字）

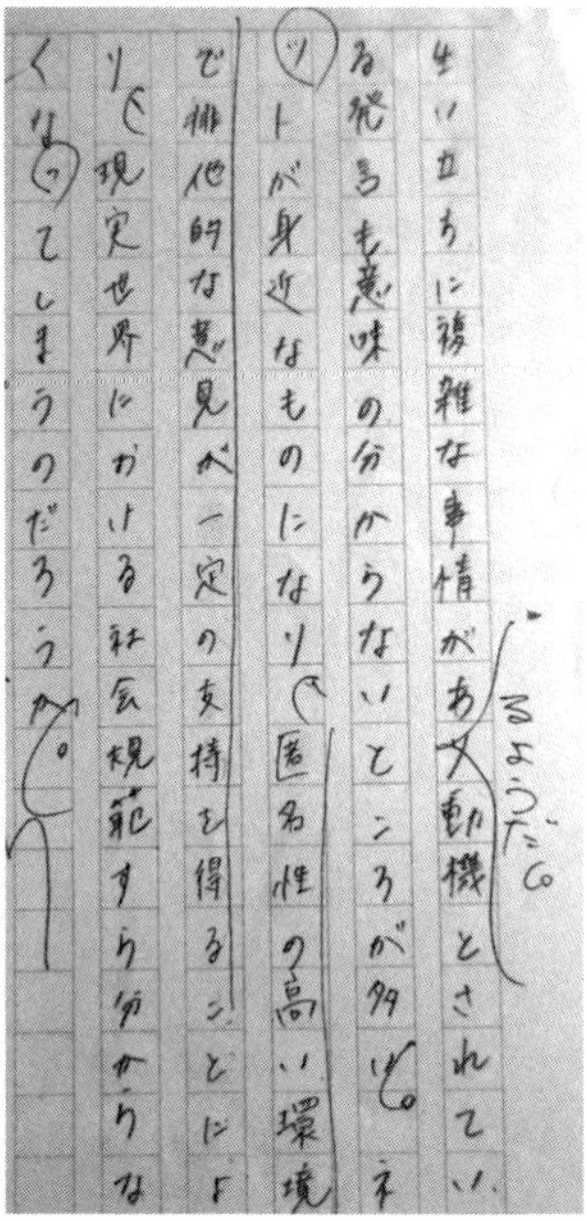

▲コロナ前、学生たちは原稿用紙に鉛筆で作文を書き、それを青ペンで添削した

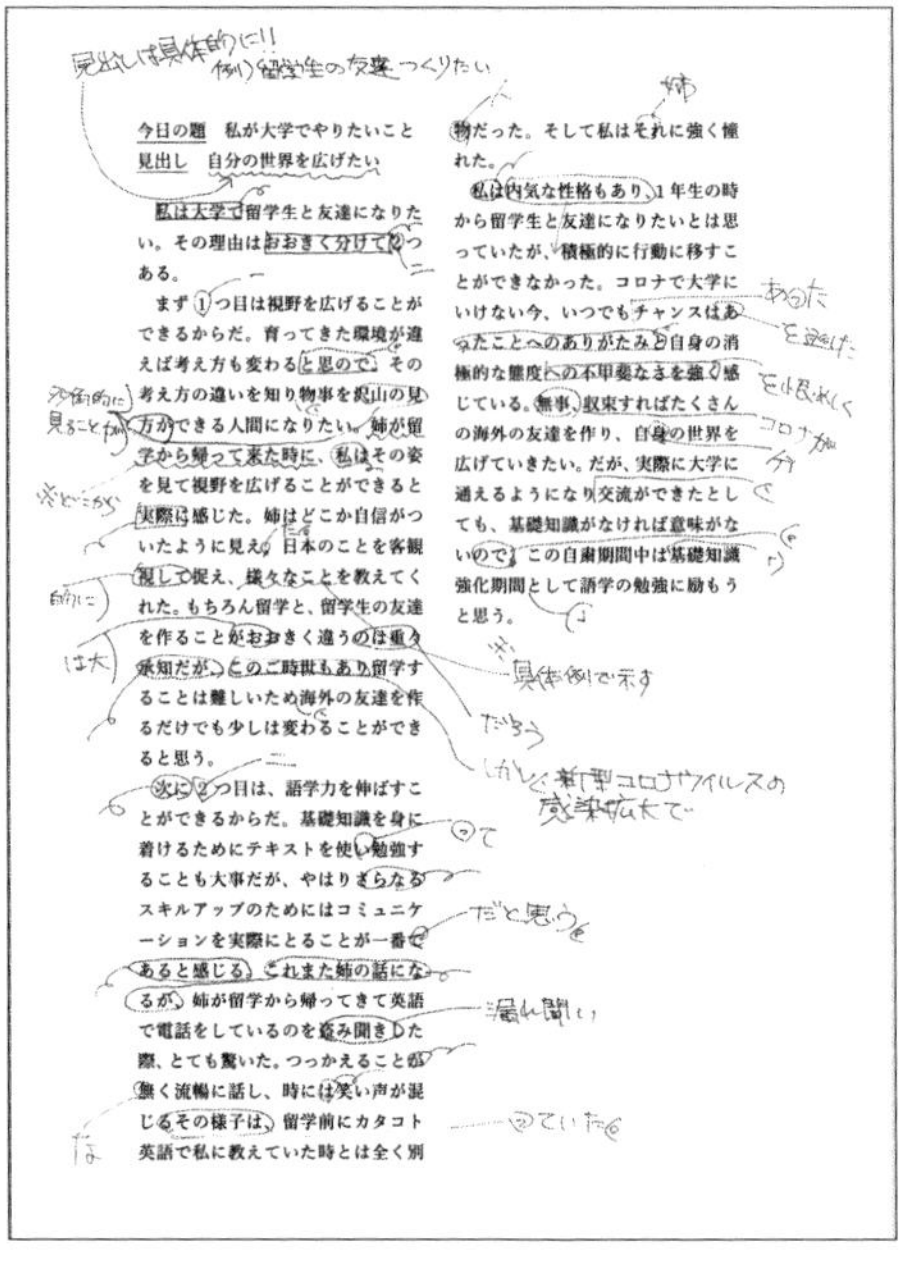
今日の題　私が大学でやりたいこと
見出し　自分の世界を広げたい

私は大学で留学生と友達になりたい。その理由はおおきく分けて2つある。

まず1つ目は視野を広げることができるからだ。育ってきた環境が違えば考え方も変わると思いで。その考え方の違いを知り物事を沢山の見方ができる人間になりたい。姉が留学から帰って来た時に、私はその姿を見て視野を広げることができると実際に感じた。姉はどこか自信がついたように見え、日本のことを客観視して捉え、様々なことを教えてくれた。もちろん留学と、留学生の友達を作ることがおおきく違うのは重々承知だが、このご時世もあり留学することは難しいため海外の友達を作るだけでも少しは変わることができると思う。

次に2つ目は、語学力を伸ばすことができるからだ。基礎知識を身に着けるためにテキストを使い勉強することも大事だが、やはりさらなるスキルアップのためにはコミュニケーションを実際にとることが一番であると感じる。これまた姉の話になるが、姉が留学から帰ってきて英語で電話をしているのを盗み聞きした際、とても驚いた。つっかえることが無く流暢に話し、時には笑い声が混じるその様子は、留学前にカタコト英語で私に教えていた時とは全く別物だった。そして私はそれに強く憧れた。

私は内気な性格もあり、1年生の時から留学生と友達になりたいとは思っていたが、積極的に行動に移すことができなかった。コロナで大学にいけない今、いつでもチャンスはあったことへのありがたみと自身の消極的な態度への不甲斐なさを強く感じている。無事、収束すればたくさんの海外の友達を作り、自身の世界を広げていきたい。だが、実際に大学に通えるようになり交流ができたとしても、基礎知識がなければ意味がないので、この自粛期間中は基礎知識強化期間として語学の勉強に励もうと思う。

▲コロナ後、学生はワードに作文を書き、メールで提出。このように添削して返送した

一読、意味がわからない。「専攻している」「交流する」「視野を広げたり」「気づいたりする」と、動詞がバンバン出てくるわりに、その動詞の主語が何かわからないからだ。これは、次のように整えた。

> 生まれ育った環境が異なる人や、他学部の人たちとも交流しよう。そうすれば、視野が広がり、社会問題に気づく機会が増える。そこが重要なことだと、その本のなかで多くの識者が書いていた。

次の文章はコロナ禍に関する話だ。

> 韓国や日本の東京を中心に、感染拡大が収まりつつあった時に、再拡大した現状から、全ての人がウイルスの危険性を正確に理解し、完璧に終息するまで少しならいいという油断を許してはいけないことがわかる。
> （96字）

読む途中、こんがらがってしまった。これも主語がぼやけているからだ。次のように添削した。

韓国や日本で、新型コロナウイルスの第一波の感染が拡大したあと、一時収束の兆しがあった。だが、再拡大した。それは、人々がコロナの危険性を甘くみて、感染対策を怠ったからだ。こうした油断が禁物だ。

他にもある。

ただ現段階ではリスニングがとても苦手で実際外国の方がはなしていることがまったく聞き取れないことが高校生の時たくさんあったのでリスニングの向上に重きをおきつつ英語全体の能力の向上を目指したいです。（97字）

この文章は長い上に、読点がないため、何度も読み返すことになった。次のように添削した。

高校生のとき、外国人が話す英語をまったく聞き取れなかった。大学では、苦手なリスニング力の向上を目指し、英語全体の能力を高めたい。

読点を入れ、64字に縮めた。長い文章は短くちぎって並べるだけで、読みやすくなる。短い文章で全体を構成できる人は、概して作文能力が高い。長い文章を書く人は、注意しても注意しても、なぜか毎回繰り返す。「癖」のようなものだ。気合を入れて、癖を改めれば新境地にたどり着けるのになあ、と思いつつ、添削文に一言そえる。「長い文章を読むことは、息継ぎせずにクロールを泳いでいるみたい」。読者に苦しい思いをさせないでね、と。

黒すぎる紙面はアウト

40代前半のころ、大阪本社の社会部でデスクをつとめた。正式な肩書は「社会部次長」。編集局の「次長」はデスクと呼ばれた。文字通り机に張り付き、記者たちの司令塔となり、受け取った原稿の文章を削ったり、加筆したりした。データが足りないと、再取材を求めた。デスクの目を通った原稿が、実際の新聞紙面に掲載されることになる。

あるとき、出来上がった「刷り」（印刷に回る前の紙面）を見るなり、当時の社会部長がひとことつぶやいた。

「黒すぎる」

一瞬、印刷のインクのことかと思った。それは製作系の問題で、社会部は管轄外だと思ったのだが、部長の思いは別のところにあった。彼は、記事を一行も読まず、全体を眺めてダメ出ししたのである。「黒すぎる」というのは、「漢字が多すぎる」という意味だった。新聞とは、学術論文や起訴状ではない。漢字の多い黒すぎる文章は、読みにくい。漢字の分量は、全体の3、4割ほどにとどめたい。次の二つの記事を読んでみよう。

科学史・医学史に関する資料の調査・収集を行っている財団法人が、若手研究者の育成を目的に、「科学史医学史研究助成」を創設し、助成対象を募集している。科学史や医学史、およびその関連分野に関心を持つ40歳以上の研究者。応募締め切りは8月末。1件に50万円を助成する。

科学や医学の歴史の資料を集め、調査している財団法人が若い研究者を育てようと助成制度をつくった。こうした分野に関心を持つ40歳以上の研究者を、8月末まで募集している。助成額は1件50万円。

この二つの文章を遠くから見てみると、黒っぽさの違いにお気づきだろうか。前段の文章は、句読点などを入れて128字あるなかで、58%の75字が漢字である。後段の文章は漢字の割合がほぼ半分になっており、黒っぽさが少し緩和されている。どちらが読みやすいか。私は、漢字は全体の3分の1ぐらいにとどめるのが最も読みやすい文章だと思っている

また、漢字だけの見出しもご法度だ。

「男女平等、日本過去最低」

「米大統領次男、訴追」

「保険証廃止、首相混乱陳謝」

これらは、「戒名見出し」と呼ばれる。卒塔婆に書かれた文字を読むような印象を受けるからだ。かつての整理部では、こんな見出しをつけた本人は穴があったら入りたいぐらい恥ずかしい思いをしたものだ。

漢字を減らす工夫

ではどうすれば、漢字を減らせるのか。手っ取り早い方法は、漢語を和語に言い換えればよい。「定例議会を開催した」は、「定例議会を開いた」でいい。

国事行為とすることを決定した	➡	国事行為とすることを決めた
領土を拡大する	➡	領土を広げる
合併について協議する	➡	合併について話し合う
工事に着手する	➡	工事を始める
特許を取得する	➡	特許を取る
人形を作製した	➡	人形を作った

「漢語＋する」という言い回しを多用すれば、格調高い記事になると思ったら大間違い。実は平易な言葉で柔らかく書ける記者ほど、新聞社では優秀な記者と評価が得られるのだ。

そして次のような副詞的な言葉も、ひらがなに置き換えることをお薦めしたい。

全く ➡ まったく
共に ➡ ともに
既に ➡ すでに
例えば ➡ たとえば
但し ➡ ただし
更に ➡ さらに
尚 ➡ なお
僅か ➡ わずか
折角 ➡ せっかく
所謂 ➡ いわゆる
是非 ➡ ぜひ（「ことの是非を問う」ということは漢字を使う）
余程 ➡ よほど
此処 ➡ ここ
又は ➡ または
度々 ➡ たびたび

この章では読まれる文章が何かを探るために、「読む気が起こらない」文章の三つの特徴を挙げた。12ページに載せた竹田さんの作文「キムチの香り」は、まず見出しがひきつける。作文の中の漢字の割合は、27％だった。そして、最も長い文で62字、短い文は十数字しかない。これこそ、三拍子そろった読まれる文章なのである。

第2章　よくある「失敗」

この章では、学生たちが陥りがちな文章上のよくある「失敗」を紹介する。まず、次の文章を読んでみよう。


「大学は人が多い分、交流が盛ん。**なので**少しずつでも、友達を増やしていきたい」

「**なので**、私は失敗を恐れずに、あらゆることに挑戦することにした」

「大学内で**色んな**人と交流したい」

「自分が感じたことを相手には見せられない**けど**、言葉で伝えることはできる」

「**ちゃんとした**日本語を話せるようになるのが目標」

話し言葉NG

ゴシックの文字は話し言葉で、書き言葉ではない。新聞など公的な文章では、話し言葉は書き言葉に改める。ビジネス文書で使ったら、あなたはきっと幼稚な印象を持たれるだろう。特に気になるのは、文頭に「なので」を使う学生が少なからずいることだ。目にすると、小学生の会話かと思ってしまう。**なので**、こう添削するのだ。

「大学は人が多い分、交流が盛ん。**だから**、少しずつでも、友達を増やしていきたい」
「**だから**、私は失敗を恐れずに、あらゆることに挑戦することにした」

色んな人は「**色々な人**」「**様々な人**」
「見せられないけど」は「見せられない**が**」
「ちゃんとした日本語」は「**きちんとした**日本語」

ほかにもこんな例があった。

すごくいい	⬇	とてもいい
だって私は	⬇	だから私は

すごい便利	⬇ とても便利
文句を言った	⬇ 反論した
みんなして食べに行った	⬇ みんなで食べに行った
デカルトみたく	⬇ デカルトみたいに
何にも知らない	⬇ 何も知らない
もうすぐしたら	⬇ まもなく
そこら中に	⬇ いたるところに

ＳＮＳの時代になって、書き言葉の世界に話し言葉が乱入してきたようだ。これは恐らく、友だち同士のＬＩＮＥ会話のせいだろう。短く、早く、フレンドリーに意思を伝えるには、話し言葉がいいに決まっている。私もそうしている。しかし、不特定多数の人が読む文章の世界では、使わない方がいい。なれなれしさが、軽薄に見える。

「が」が目障り

「この人の文章は長いな」と思うとき、ある法則があることに気づいた。だいたい、そういう人の文章は、接続助詞の「が」が多用されている。

「が」は、まったく目触りである。

これは、私が言っているのではない。社会学者の清水幾多郎が『論文の書き方』（岩波新書）で、そう書いている。「見境もなく『が』を使っているために、書いた当の私は力んでいるのに、文章の方は起伏に乏しい、平板なものになっている」と分析している。実際の作文例を示してみる。添削した文を後ろに続けた。

これから冬になる**が**、どう変化するか楽しみだ。
⬇これから冬になる。どう変化するか楽しみだ。

大学に進学して半年以上たつ**が**、いくつかの危機に直面した。
⬇大学に進学して半年以上たつ。その間、いくつかの危機に直面した。

移民の受け入れを増やそうと、メディアも訴えている**が**、人種や民族、宗教の違いから治安は悪化し、争いが増える可能性がある。
⬇移民の受け入れを増やそうとメディアも訴えている。しかし、移民の増加によって人種や民族、宗教の違いから治安は悪化し、争いが増える可能性がある。

「が」は便利な言葉で、逆説も順接も何でもかんでも繋いでしまう。「しかし」「それから」「そして」と、見境がない。そんな「が」という接続助詞は、私は逆説でしか使わない。以下の文は、逆説の「が」の用法である。

「夏は暑かったが、クーラーなしで乗り切った」
「サッカーは好きだが、自分ではやらない」
「大学を卒業したが、就職が決まらなかった」

逆説かどうかを見分けるのは簡単だ。「けれども」「のに」「にもかかわらず」に言い換えて、意味が通れば、それは逆説といえる。意味が通らなければ、単なるつなぎ言葉である。そこを句点で閉じて、文章を始めればスッキリする。

省くとすっきりな「私」

「私」や「僕」といった自分を指す人称代名詞は、文章のリズムを奪う。「自分を指す人称代名詞は、ほとんどの場合、全部、削ったほうがいいんです」と書いたのは作家の井上ひさし。例えばこんな作文があった。

私が大学で取り組みたいことは、来年の就職のための準備だ。**私は**、今までの大学生活で資格取得の勉強に取り組んでこなかった。不動産業界に就職を考えているから、**私は**宅建資格を取ろうと考えている。

「大学でやりたいこと」をテーマに書いてもらった作文の一部である。短い文章に「私」が3回出てくる。「私」を省くと次のようになる。

大学で取り組みたいことは、来年の就職のための準備だ。今までの大学生活で資格取得の勉強に取り組んでこなかった。不動産業界に就職を考えているから宅建資格を取ろうと考えている。

「私」がなくても、なんの違和感もない。かえってスッキリした文章になった。「私は私の夫を殺したい」と書くより、一人称を排除し、「夫を殺したい」と書いた方が、背筋がゾクリとするのだ。

段落短く、さっさと改行

講義の初回の作文授業では、たまに一度も改行しない作文に出合うことがある。まるで、暗号を解読するような苦しみに見舞われた。段落をつくるのは、大切な作文技術である。改行のない文章を読むのも、息継ぎしないクロールみたいなものだ。改行は読み手への優しさの表れである。読んでほしいなら、「場面」や「心の動き」の変化を一つの塊として配置し、舞台転換を改行で表そう。８００字ほどの原稿だと最低五つの段落はほしい。

言い換えを「行う」

若いころ、上司に口を酸っぱくして言われたのが、「行うは使うな！」だった。「行う」は便利な言葉で、ついつい使ってしまう。「物事を一定の方式に従って処理する」（広辞苑）というのが本来の意味だが、多用が気になる。人の営みを表す名詞に「行う」をつければ、成り立つ言葉だが、なんとも不細工な表現になってしまう。これも簡単に言い換えられる。

試合を行う ⬇ 試合をする
葬儀を行う ⬇ 葬儀を営む
作業を行う ⬇ 作業する
支援を行う ⬇ 支援する
植樹を行う ⬇ 植樹する

講演を行う ⬇ 講演する
街頭宣伝を行った ⬇ 街頭で宣伝した
弁論大会が行われた ⬇ 弁論大会が開かれた
自立について研究を行ってきた ⬇ 自立について研究してきた

「たり」は繰り返す

作文を添削するなかで、一番多く指摘をしてきたのが、誤った「**たり**」の使い方である。こんな文章があった。

ドタキャンが多かっ**たり**、人の秘密ごとをすぐに口にするようなことがあると信用を失う。

「たり」が足りない。「ドタキャンが多かったり、人の秘密ごとをすぐに口にしたりすると信用を失う」と直した。

寝転ん**だり**、バレーをして遊ぶ人もいない。

これは、大学キャンパスの芝生広場の情景を描いたものだ。「寝転んだり、バレーをしたりして遊ぶ人もいない」と添削した。

「たり」は2回以上繰り返すのが正しい書き方である。「飛んだり、跳ねたり、走ったり」と3回でもいい。作家村上春樹は、ジャズを扱った『村上春樹　雑文集』（新潮文庫）で7回も使っていた。「ドラッグに溺れたり、精神病にかかったり、離婚したり破産したりいがみあったり大喧嘩したり訴訟したりしながらも……」。たくさんの「たり」を使うと、これでもか、というリズム感が出てきて意味がストンと入ってくる。

ただし、1回しか使わないケースもある。同じ雑文集で、村上春樹は「『海は広いな、大きいな』という歌がつい口に出てしまったりするかもしれない」と書いている。「泣いたりしてはだめ」とも言う。「たり」に「する」を続け、同じようなことがあるのを暗示させる使い方は1回でもかまわない。

「あの道、通れなかったりして」とか、ぼかし気味の会話でも1回の「たり」がよく登場する。いずれにしろ、「たり」を使うときは吟味してみる必要がある。

「ら抜き」注意

「ら抜き」言葉は使わない、というルールがある。だが、話し言葉では頻繁に使われているため、学生たちの作文の中にたくさん出現しているのが現状だ。

自宅から**出れない**生活に飽きてしまった。

これは、「自宅から出られない生活」が正しい。

日常会話でも、

「あした来れる?」

「その映画、ネットフリックスで見れる?」

「こんな時間に寝て、朝起きれる?」

こうした言葉は、会話の中で自然に使っているような気がする。しかし、本来なら、「来られる?」「見られる?」「起きられる?」が正しい表現である。

「ら抜き」言葉かどうかを確かめるには、「ら」を加えて「可能」の意味を失うか、失わないかが検証のカギとなる。例えば、「そのセーター着れる」を「そのセーター着られる」としても、「可能」の意味は失わない。この場合の「着れる」は、「ら抜き」言葉である。「その包丁、切れる」を「その包丁、切られる」とすると「可能」の意味が失われる。従って、「切れる」は「ら抜き」言葉には当たらない。「滑れる」「滑られる」も同様だ。もう一つの検証方法は、「勧誘」の言い方に変えて「よう」が付くと、ら抜き言葉とわかる。

「着よう」と「切ろう」で見分ける

「着よう」「見よう」「起きよう」と言えるから、「着れる」「見れる」「起きれる」はら抜き言葉となる。一方、「切ろう」「滑ろう」「走ろう」には「よう」が付かない。従って、「切れる」「滑れる」「走れる」は、ら抜き言葉とはならない。この方法で、あなたは「ら抜き」言葉を確かめれるでしょう。いや、確かめられるでしょう。確かめよう！

しかし、話し言葉では「ら抜き」の方が、なじみやすいことがある。例えば、食卓で親が子どもに向かって次のように話しかける。

「ニンジン、食べれるようになったね」。これは「ら抜き」言葉である。

「ニンジン、食べられるようになったね」が正しい。ただ、「ら抜き」言葉の方が親の気遣いがより感じられる気がする。それに、「食べられる」とすると、「ワニに食べられる」というような受動的な意味が頭にちらついてしまう。「食べれる」か「食べられるか」、ら抜き言葉は難しい。

重なった言葉たち

大阪市役所前の淀屋橋を渡って、毎日会社に通っていたときがあった。いつも気になっていたのが、そこに立つ標識だ。「淀屋橋」が、英語表記で「Yodoyabashi Bridge」となっているのだ。翻訳すると「よどやばし橋」と読んでしまう。「Yodoya Bridge」が正しいはずだが。

気になりだしたら止まらない。「曽根崎通」が「Sonezaki-dori St.」となっている。これも「Sonezaki St.」ではないだろうか。

こうした「馬から落馬する」式の重言が、学生の作文の中でも、たびたび見つかった。こんな感じだ……。

今の現状
毎朝、朝練のため通学する
まだ未解決
排気ガス ⬇ 排ガス（気はガスの意味）
卒業したOB（OBは卒業した人たち）
平均アベレージ

披露宴のパーティー（宴はパーティー）
思いがけないハプニング
初デビュー
炎天下の中
内定が決まる
離発着（離と発は同じ）

作文で見つけたわけではないが、間違えやすい言葉はほかにもある。

元旦の朝
満面の笑顔
満天の星空

製造メーカー
犯罪を犯す
ゴビ砂漠 ⬇ ゴビ（モンゴル語でゴビは砂漠）

昨今、ワードの文書には校正機能がついているので、こうした誤りには印がついて、すぐに気がつく。しかし、まだ、新聞原稿を紙の原稿用紙に書いていた時代（１９８０年代の終わりごろまで）は、そうはいかなかった。注意深く、頭の中に言葉の引き出しを作っておくしかなかった。便利な世の中になったとつくづく思う。

「など」が奪う情緒

「など」は極力使わない。記者時代、「など」の使用は必要最小限にとどめてきた。文章のリズムが奪われ、駄文と化してしまう。もちろん、事件原稿や裁判原稿など、正確さが求められる場合は別である。

学生の作文で発見した「など」は次の通り。

> キャンパスにはスタバやセブンイレブン**など**があり、出来立ての弁当やパン**など**が売られている。

などを省くと、「キャンパスにはスタバやセブンイレブンがあり、出来立ての弁当やパンが売られている」。声に出して読んでみれば、どちらがスッキリしているかわかる。確かに、キャンパスには松屋やケンタッキーフライドチキンもある。「など」を入れるほうが、これらの店を無視したことにはならない。しかし、「など」は文章の歯切れの良さを消してしまう。

「以前だったら、スーパーで買ったもの**など**をすべて水で洗って、冷蔵庫**など**にしまっていた」。事実はそうなのだろう。でも「スーパーで買ったものは水で洗って冷蔵庫に入れていた」の方が、つかえずに読むことができる。

「アジサイやモミジ**など**が沿道に続く」。ほかにも植栽はあるが、全部書き出していたらきりがない。

「松江城や、夕日のきれいな宍道湖**など**は島根の人ならだれでも知っている」。確かに島根県には出雲大社もあれば石見銀山もある。他にも有名な観光地はあるだろうが、「など」はいらない。

例えばこんな原稿をつくってみた。テレビのニュースで聞いたことがありそうだ。

> 夏まつりでにぎわう神社の境内**など**には、金魚すくいや綿菓子**など**の屋台が並び、大勢の家族連れ**など**が訪れた。

「など」を抜くと、「夏まつりでにぎわう神社の境内には、金魚すくいや綿菓子の屋台が並び、大勢の家族連れが訪れた」。などを省いても、焼きリンゴやベビーカステラの屋台から苦情は来ないはずだ。

枕草子の「冬はつとめて」のなかに、「火など急ぎおこして、炭持てわたる」というくだりがある。この場合、「など」を取ると「火を急ぎおこして、炭持てわたる」となり、なにやら「切羽詰まった」感がでてしまう。「火など」と言葉をぼやかすことで、冬の朝の情緒がにじみ出てくる。

だが、現代ニッポンで、「など」を入れて物事をぼやかすと、墓穴を掘ることになる。

宮崎県は、2023年の元日の知事の行動を「宮崎神宮、県護国神社に初詣」と報道発表していた。ところが、1月2日に知事が新型コロナに感染していたことがわかると、県職員が元日の行動を「終日、公舎**など**で過ごす」と修正し、宮崎日日新聞に修正を求めてきた。「など」の中に、「神社への初詣」を押し込めたのだ。どうやら知事が、コロナに感染しながら初詣をした事実を伏せようとしたようだ。同紙はこの要求を退け、逆に県の姑息な態度が衆目にさらされた。

「など」にはくれぐれも気をつけよう。

「カタカナ語」使いすぎ

モチベーションを保つことが難しく、マルチタスクをすることが苦手な私。

こんな作文に出合ったことがある。思わず、スマホを取り出し、グーグルで「マルチタスク」を検索した。「複数の作業を同時並行で行う能力」と出た。コンピューターが、同時に複数の情報処理を行うというのが言葉の由来という。なるほど。「気力が長続きせず、二つのことを同時にできない私」という意味なのである。コンピューター用語を使いこなすこの筆者は、「十分、マルチタスクができるんじゃないか」と思ってしまった。

漢字やひらがなに言い換えできる「カタカナ語」は使わない。記者時代に、そう教えられてきた。しかし、今はそう言ってはいられない。日常生活にSNSが深く入り込み、グローバル化した社会では、翻訳すると雰囲気が変わる言葉が量産されているのだ。

ここに使った「SNS」を言い換えてみると、「ツイッター（23年7月からXに名称変更）、ユーチューブ、インスタグラムといった、人と人をつなぎ幅広い交流を促すインターネット上のサービス」となる。短く言い換える言葉が、思いつかない。

「学生は我々の時代より、グローバルな視野を持っている」

「学生は我々の時代より、地球規模の視野を持っている」

「グローバル化」を訳せば「地球規模化」なのだが、漢字にするとどこか大げさな感じがする。悩ましい。

しかし、次のようなカタカナ語は添削して言い換えてきた。

ディスカッション ➡ 討論
ツールを用意し ➡ 道具を用意し
パフォーマンスがいい ➡ 性能がいい
リスペクト ➡ 尊敬
ワード ➡ 言葉
クオリティーが安定 ➡ 品質が安定

先輩や友達の存在はモチベーションの向上につながる
➡先輩や友達がいるからやる気が出る
ビジュアルがいい ➡ 見た目がいい
プレゼンテーション ➡ 発表

もちろん、すべてを言い換えるわけではない。その時々の文章のなかでは、そのまま残す方が自然なときがある。ただ、カタカナ語は概して長い。紙媒体の新聞をつくっているとき、「字数を少なくして記事を簡潔にする」ことが求められた。できるだけ多くの記事を載せるための工夫でもあった。「社員のコンセンサスを得る」（12字）は、「社員の同意を得る」（8字）に変えた。これで4文字稼げる。そんな思いで添削した。

斜め読みできないカタカナ

しかし、新聞のデジタル化が進むと、「紙面」という物理的な制約はなくなり、あまり字数を気にする必要がなくなった。かといって、必要のないカタカナ語の頻発は戒めたい。

> ウェブサイトをリニューアルして思うのは、紙メディアと違ってモデルチェンジがしやすいというメリットだ。コンテンツへのリンクも簡単で、アーカイブも充実できる。

こんな文章をある社内報で読んだ。イライラが募った。一日に夕刊、朝刊の2回の締め切りに追われていた新聞社時代に、様々な記事を斜め読みする癖がついてしまった。ところが、カタカナばかりの文章は斜め読みしても、意味がさっぱり入ってこない。洋画のエンドロールを見ているみたいだ。日本映画のエンドロールなら、字が小さくても協力企業やロケ地がどこか頭に入ってくる。表意文字の漢字が理解を助けてくれるからだ。

新しく登場するカタカナ語は、意味がわからないのが最大の難点だ。インキュベーションだとか、アジェンダだとか、サプライチェーンとか……。検索して意味を調べても、なかなか実感がわかない。先日、マイナンバーカードの登録ミスが相次いだ問題で、担当大臣が「リープフロッグのなかで起きた」と会見で述べていた。初めて聞く言葉だった。知識をひけらかそうとしたのか、煙に巻こうとしたのか。広く国民に知らせるためには、平易な言葉でお願いしたい。ちなみに「リープフロッグ」とは、遅れていた国が先を行く国を一気に追い越していく例えだそうである。蛙飛び。

カタカナ語は、できるだけ翻訳することに努め、言い換えできない場合は、意味を補足しながら使ってきた。ただ、「歌は世につれ」というように、「言葉も世につれ」で、変化をしながら生き延びていくのだろう。１９８０年代、街に「コンビニエンスストア」が目に付くようになったとき、「それ何？」と不思議に思ったことがある。しかし、言葉はなじむ。今や「コンビニ」に変わる言葉は思いつかない。

他人にわからぬ「仲間言葉」

「伝える」ために必要なことは、相手に意味がわかるかどうかである。相手とはだれか。現代の新聞では「老若男女ＬＧＢＴＱ」。日本語が読めて、ニュースの意味が理解できる中学生以上を想定してきた。

伝える「相手」によって、言葉遣いは違ってくる。大学での作文では新聞同様の不特定多数の相手を意識してもらった。ときに、私がわからない「仲間言葉」につまずいてしまうことがあった。

コロナ禍の前、6月に大学のキャンパスを歩いて観察し、「6月の関学キャンパス」というタイトルで作文を書く授業をした。そのとき、「中芝」という言葉を使う学生が複数いた。

「ちゅうしば？」

関西学院大学の上ケ原キャンパスにある「中央芝生」の意味だった。学生たちは「中芝でお昼しよう」というふうに使っていた。部外者には、わからない。受験生が使う「文転」にも最初は戸惑った。大学の学部を「理系志望から、文系志望に変える」という意味だという。「春学期、フル単頑張る」も、「?·」となった。その学期にすべての単位を取るという意味だった。

大学では「シラバス」という言葉にも頻繁に接する。「授業計画」ではいけないのだろうか。そのように最初は思ったが、今では平気で使っている。読み手の存在を意識して、TPOをわきまえ、相手が知らないと思われる言葉を持ち出さないことが大切だと思う。

ところで、警察担当の新聞記者が使う言葉も部外者にはわからないものが多い。

コロシ	⬇	殺人事件
タタキ	⬇	強盗事件
サンズイ	⬇	汚職事件
チャカ	⬇	ピストル
コミ	⬇	聞き込み
サシ	⬇	一対一の取材
ヌカレ	⬇	他社に先行して書かれた記事
マルボウ	⬇	暴力団

こうした言葉はグループ外にはわかりにくい。というか、グループ外には伝えたくないので「隠語」という。

気になる「方」

話し言葉で使う敬語を、書き言葉にするのは変だ。学生の作文では、「方《かた》」の使い方が気になった。「ボランティアの方が呼びかけた」というのは、「ボランティアが呼びかけた」でいい。「警備員の方が旗を振っていた」も、「警備員が旗を振っていた」でかまわない。「方」をつけて、敬いの気持ちを出したいのだろうが、書き言葉では使わない。

「駅弁屋さんが閉まっていた」も違和感がある。「ナイジェリア人の社員さんが入ってきた」というのもあった。筆者は、相手を敬う優しい心の持ち主かもしれない。でも、文章に「さん」や「方」が入ってくると、かえって、筆者の敬意に心がとらわれてしまい、文章への集中が途切れてしまう。

ただし、言葉として「駅弁屋」では見下した感じがする。「駅弁店」に直した。新聞では「八百屋」は「青果店」に、「魚屋」は「鮮魚店」に改めている。一方、「年寄り」は「お年寄り」として敬いを表している。

さよなら常套句

新聞記事によくある常套句が昔から嫌いだ。

「決勝でサヨナラ本塁打を浴びた○○投手は**肩を落とした**」

※実際に「肩を落としている」のを見たことがない。

「サヨナラ打を放った○○選手は**胸を張った**」

※胸を張らず、淡々としている選手が多いような気がする。

「卓球女子代表の○○選手と○○選手は『東京五輪で金メダルを取る』と**声をそろえた**」

※ゴスペラーズならわかるが、ふつう声はそろわない。

「うれしい悲鳴をあげた」「目を白黒させた」という表現を見ると、こちらが「赤面してしまう」。大げさにならず、淡々と書けばよい。

どっちが正しい？　慣用句

「愛想を振りまく」か「愛敬を振りまく」か、どちらが正しいでしょうか。

授業では毎回「正解はどちら」コーナーを設けていた。クイズ形式で正しいと思う方に手を挙げさせた。スケッチブックに太字のフェルトペンで問題を書いて、学生らに掲示する。Ｚｏｏｍの授業でもあえて、アナログ方式にこだわった。

冒頭の問題は、「愛敬を振りまく」が正解。愛想は振りまかない。愛想はいいか、悪いかである。

計14回の授業で3問ずつ問題を出すので、40問あまりを出題している。「朝日新聞の用語と取り決め」という手引がネタ本である。校閲記者たちが地道に記者の原稿の間違いを抽出して、編集した。「排気ガス」は「排ガス」が正解だというふうに、「目から鱗」のような間違いが潜んでいる。

この章の終わりに、「誤用しやすい慣用句」の問題を載せています。挑戦してみてください。

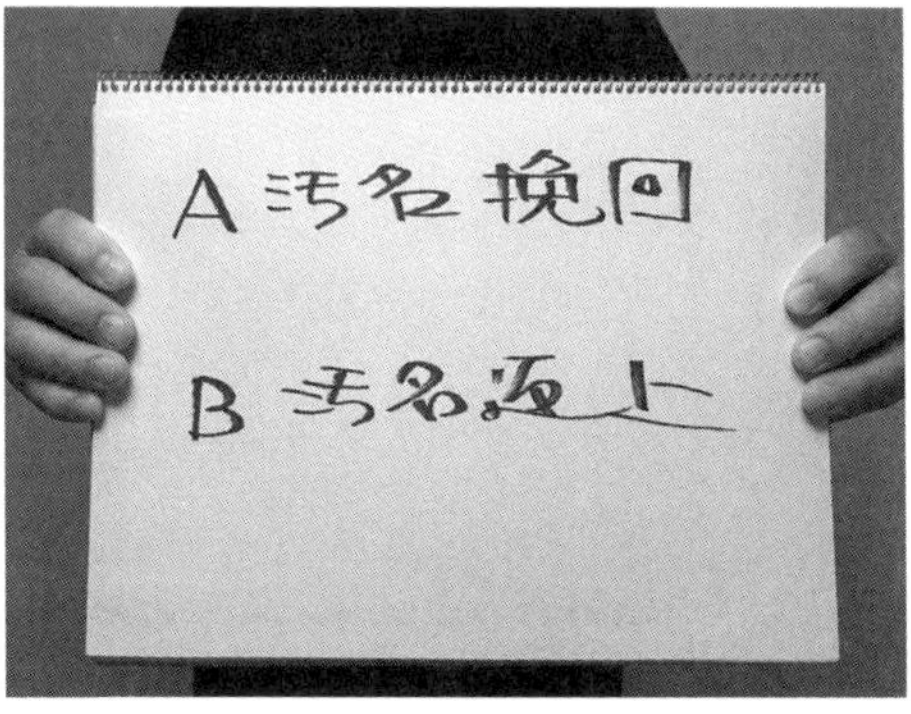

▲オンライン授業でもアナログ方式で出題した

マルはどこに打つ

私は、ＬＩＮＥの会話に句点の「マル」を使っている。しかし最近、若い人たちのメッセージには、句点がないことに気づいた。ある学生に見せてもらったＬＩＮＥ会話が次の写真だ。確かに「駅にいるよ」に句点はない。文末は「！」だったり、「?」だったり。「り（了解）」という言葉も「あざす（ありがとうございます）」という言葉も、本当に使っている！　顔文字や絵文字が句点代わりになっているケースも多い。「マル」で文を閉じると、冷たい印象を与えてしまうと理由を話す人がいる。しかし、「マル」がないと締まらないと、私は思う。やはり文末は句点で止めたい。

作文を書かせていると、句点の打ち方でよく質問がある。

「常識を疑え」。本屋でよく目にする言葉だ。

「常識を疑え。」本屋でよく目にする言葉だ。

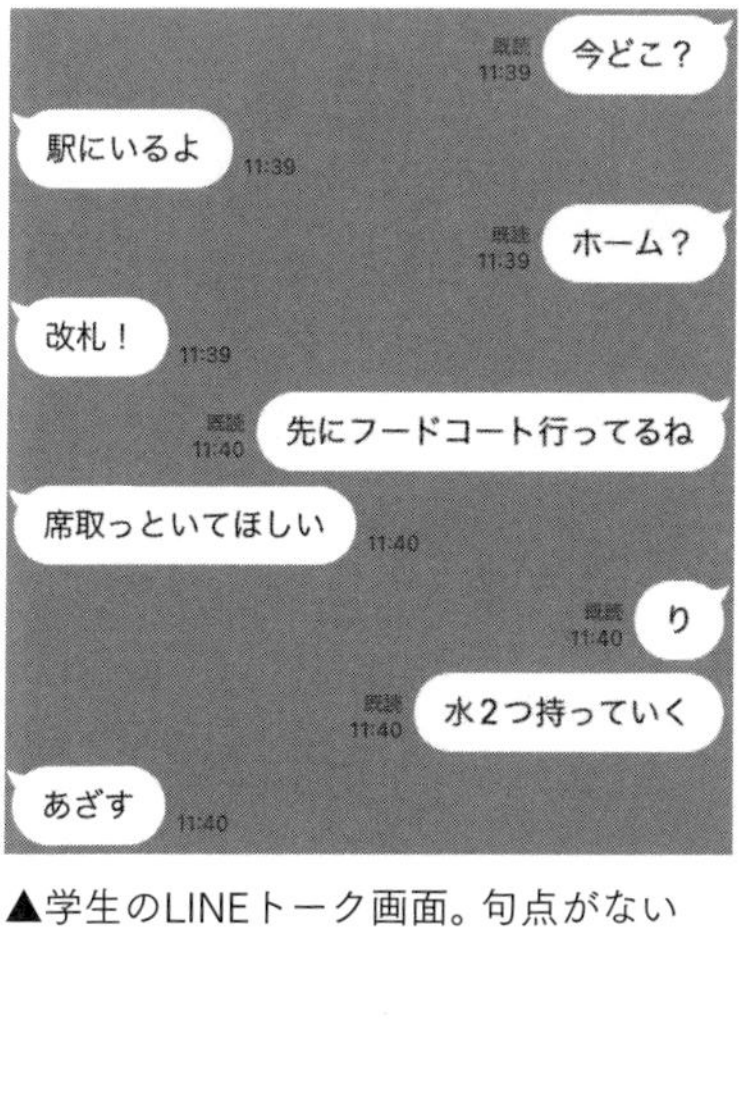

▲学生のLINEトーク画面。句点がない

句点をカッコの中に収めるか、外に出すか。ある学生は、「高校では中に入れるように教わった」と言った。新聞では前者のように外に出す。どちらも間違いではないらしい。

川端康成の初期の小説「篝火《かがりび》」は、カッコの中に句点は打たれていた。

「公園へでも行ってみようか。」と朝倉が言った。

「そうですか。」と言ったきりみち子は黙ってしまった。

句点の使い方は、朝日新聞の場合、少し複雑な取り決めがある。

例

「公園へでも行ってみようか」と朝倉が言った。

※閉じるカッコの前に句点は打たない。

朝倉が言った。

「公園へでも行ってみようか」

「そうですか」と言ったきりみち子は黙ってしまった。

※カッコの文だけが独立し、行を変えて次の文章が始まる場合、カッコの後に句点は打たない。

「公園へでも行ってみようか」。そう朝倉が言うとみち子は黙った。

※カッコの後に地の文が続くときは、カッコの後に句点を打つ。

いろいろと取り決めがあるが、書いているうちに慣れてくる。

「具体性」こそ文の命

ここまで用語の使い方を中心に書いてきた。ここからは、文章の中身に入っていきたい。

添削文によく書き込む注意は「具体的に書こう」である。次の文は実際の添削例である。

「ある議員がテレビ番組で言っていた」

⬇

兵庫県の西宮市議が民放のニュース番組で言っていた。

「外国人が多く住んでいる地域で、ある移民が低賃金労働の実態を訴えた」

⬇ 南米からの外国人が多く住む静岡県浜松市で、40代の移民男性が低賃金労働の実態を訴えた。

「どこの国でも右寄り政党が躍進し」

⬇ フランスやイタリア、ブラジルで右寄り政党が躍進し

文章は「リアル」が命である。抽象的表現を排し、具体的に書くことを心がけよう。

その前置き、いりません

初めて顔を合わせた学生たちに出す作文テーマは、「大学で私がやりたいこと」にしている。あれこれ考えずに書けると思うからだ。だが、肩に力が入ってしまうのか、長い前置きを書く学生がたまにいる。こんな感じだ。

学校でやりたいことを聞かれるのはこれが初めてではない。高校時代や、春学期の授業

の中でも記述することがあった。いつも私は、なにかいい感じのことを書こうとして悩んでいた。しかし、一つだけはっきり言えるやりたいことがある。

この後に、本当にやりたいことが書いてあった。前置きはいらない。「文章は核心から入ろう」と添削文に書き添えた。

「ふるさと」をテーマにした次の作文の前ぶりもいらない。

ふるさと。この言葉を聞いてどのようなイメージを持つだろうか。ふるさと納税、ふるさとチョイスなどと、ふるさとという言葉に別の言葉を引っ付けて新しい制度の意味合いをもつ物もあるが、果たしてふるさととは……

「ふるさと」の意味の解説を続けている。最初に、その辞書的意味から入る人たちが少なからずいる。これはもどかしい。いきなり、あなたの生まれ育った場所を書けば、解説はいらない。添削文にはそう書き込んだ。

「核心」から始めよう

核心から入るよい例は、こういう作文だ。同じ「ふるさと」がテーマだった。

> 出身はどちらですか？　初対面の人と会った時によく交わされる言葉だ。私はこの言葉があまり好きではない。それは私が出身地というものを持たないからだ。

これを読んだだけで、グイッと引き込まれる。「父は転勤族で一つの土地に5年以上いたことはない」と続く。巧みな「つかみ」である。

「コロナ時代を生きる」をテーマに、法学部の3年生が書いた導入も秀逸だ。

> 「うわ、増えてる」。久しぶりに体重計にのり、驚いた。新型コロナウイルスの感染拡大で自宅にいて、時間を持て余していた。何気なく1年ぶりに体重計にのった。86キロを超えていた。身長が183センチあるとはいえ太っている。

ステイホームの実態を、体重増という現実で描き出し、読者を次の文章へ引き込む。「うまい」と感心した。

書きたいことを最初に簡潔にもってくると、読み手は落ち着いて、次の文章へと読み進むことができる。井上ひさしは前述の著書で「『いきなり核心から入る』ことが大事なんです」と書いている。

「何か事件ものをお書きになるんでしたら、事件が終わったところからお書きになってはどうでしょう。『昨日、亭主を殴った。――』というふうに」

文章は形容詞から腐る

形容詞は便利な言葉だ。物事の様子を表すのにわかりやすい言葉だが、具体的なイメージへの到達を妨げてしまう。記者になって4年目のころ、神戸支局の「名文家デスク」に「文章は形容詞から腐る。形容詞を使うのは取材が甘いからだ」と言われた記憶がある。「形容詞から腐る」は作家の言葉の引用だったように思うが、妙に印象に残っている。

古い話で恐縮だが、まだJRが国鉄だった1986年秋の話である。兵庫県知事選を前にして、「県政の課題」の連載記事の一つを担当することになった。

「国鉄の分割・民営化」が待ったなしの情勢下で、廃止の危機が迫っていた国鉄宮津線のルポを命じられた。宮津線は、京都府の西舞鶴駅と兵庫県の豊岡駅の間84キロを結ぶ赤字ローカル線だった。名文家デスクに、取材が足りないと何度か原稿を突き返された。

完成した原稿の書き出しは、こんなふうになった。

> 国鉄豊岡駅の北はずれに、そこだけ屋根のないホームがある。初冬を思わせる冷たい風が吹き渡る早朝七時前、宮津線の下り一番列車が着いた。（中略）重さ十キロもある行李《こうり》二つを肩から振り分けた平野なみ子さん（77）と白岩つるさん（82）が腰をかがめて、そろりそろりと改札口を抜けていった。

行商のお年寄り2人の「通勤風景」の描写である。彼女たちは、宮津線が廃止されると仕事を失う境遇にあった。

「寂しいホーム」ではだめ

「そこだけ屋根のないホーム」。この描写こそ、名文家デスクの指導のもと、たどりついた表現だった。乗降客が少ない赤字ローカル線への冷たい仕打ちなのか。この書き出しで、ルポの9割は完成したと思った。

「国鉄豊岡駅の北はずれに、寂しいホームがある」では、だめなのだ。「寂しい」という形容詞を使わずに、どう「寂しさ」を表現するか。その技が「いい文章」の極意なのである。

「きれいなバラ」なら、色は、形は、匂いは、何輪咲いているか、それを書く。「やさしい母」なら、その具体的エピソードを書く。「青い海」なら、船は浮かんでいるか、水平線の様子はどうか。描写して「青さ」を想像させなければならない。「広大な宇宙」「美しい渓谷」「激しい雨」も、形容詞を消して、描写によって「広大さ」「美しさ」「激しさ」をイメージさせよう。

学生たちの作文を例に出すと、「オンライン授業は**難しい**」というのがあった。どこがどのように難しいのかを書かなければならない。「コロナが**ものすごい勢い**で流行し」というのもあった。国内の感染者数は何人か。重症者は、死者は、昨日からどのくらい増えたか。データで「ものすごい勢い」を表すのだ。

文章を腐らせないためには、日ごろの観察力がものをいう。それをメモしておく習慣をつければ、あなたの引き出しはきっと「表現」の宝庫になるはずです。

行政文書に四苦八苦

行政機関の記者発表は、新聞記者にとって難物だった。専門用語が頻出し、そのまま書いたのでは、読者を「ちんぷんかんぷん」状態に陥らせてしまう。特に、議会に提出する予算案の発表ときたら、何を抜き出して書いてよいのやら、四苦八苦した覚えがある。

論説委員になりたてのころ、列車の大事故が起きた。２００５年4月25日の朝だった。兵庫県尼崎市のＪＲ宝塚線のカーブで、快速列車が脱線して線路わきのマンションに激突、１０７人の命が奪われた。その日、あわてて現場へ走り、「大惨事はなぜ起きた」という社説を書いた。以来、ＪＲ西日本の取材に明け暮れ、4年間にわたり計15本の関連社説を書いた。

難物だったのは、事故原因を究明する政府の「航空・鉄道事故調査委員会」、いわゆる「事故調」の発表文書の解読だった。あまりに言葉がわからなかったので、朝日新聞の夕刊コラム「窓」欄に、署名で悩みを吐露した（一部引用、２００６年5月9日付）。

新聞記者になりたてのころ、「わかりにくい役所言葉をそのまま記事にするな」と先輩から教わった。たとえば「供用開始」。道路や橋ができたニュースで、ちょくちょく出くわす。「開通」や「完成」ですむはずだ。

「供用」という言葉には、「お上」が「下々」に使わせてやるという「上から目線」の意識が隠れている。戦後の公務員は「公僕」であると、先輩に教えられた。確かにその通りである。以来、「供用開始」の行政発表文は、新聞では必ず書き換えた。「窓」は次のように続く。

兵庫県尼崎市で起きた脱線事故を調べている国の航空・鉄道事故調査委員会（事故調）の報告書でもつまずいた。去年9月に、公表された「経過報告」は難物だ。

「非常ブレーキ作動をトリガーとしてそのときの状態を記録する機能を有していない」。トリガーって引き金のこと？　非常ブレーキをかけても記録が残らないという意味か？

高い専門性を持つ調査機関だから、厳密な言葉遣いになるのは分かる。だが、調査結果は専門家だけのものではないだろう。理不尽な死の真相が知りたい遺族らにも届く言葉にはできないものか。信楽高原鉄道（滋賀県）の事故で遺族らの弁護を務めた佐藤健宗弁護士は、米国版の事故調、「国家運輸安全委員会」を調べてみた。そこには報告書を一般国民にも読みやすくする専門の編集者がいたという。
「遺族には事実を知ることでしか埋まらない心のすきまがある。事故調は国民の安全とともに、被害者のためにもあるべきだ」と佐藤さんは言う。
最終報告は来春までに出る。やさしい文章でお願いしたい。

2007年6月28日に、事故調の調査報告書が発表された。分厚い263ページの資料には、まだ「トリガー」などの言葉は残っていた。しかし、事故の「原因」の項目は、400字余りの簡潔な文章にまとめられ、非常にわかりやすい記述になっていた。

気をつけよう、本質隠す言葉

何気なく使っている言葉が、本質を隠している場合がある。新聞記者のころ、当局が意図的に言い換えている例に注意していた。

欧文略語で「NUMO」という組織がある。「原子力発電環境整備機構」という日本名がホームページに載っている。英語ではNuclear waste management organization of Japanと表記される。直訳すれば「日本核廃棄物処理機構」である。原発から出る高レベル放射性廃棄物などいわゆる「核のごみ」の地層処分に取り組む団体である。

日本語の字面を見ると、原子力発電の環境整備をする団体と思ってしまう。広い意味ではそうなのだろう。だが、英語がわかる人たちは核廃棄物を処理する団体と理解する。海外には本質を明らかにし、国内には実態をぼかす。日本人よりアメリカ人の方が、組織の実態をより理解できるのだ。いかがなものかと思う。

とりわけ、原発に関する言葉は、本質を隠す言葉が多い。福島第一原発事故に伴う「処理水」の海洋放出が注目を集めるが、原発事故による汚染水から放射能を取り除く処理をしたため、この語句を新聞もテレビも使っている。処理された水だから、放射能が一切ないきれいな水と思ってしまう。しかし、処理水はトリチウムなど取り除けない放射性物質を含んでいたり、基準を超えたストロンチウムが見つかったりしている。これは紛れもない「汚染水」ではないのか。

老朽化が高経年化に

また、経済産業省は原発の「老朽化」を「高経年化」、「炉心溶融」を「燃料の損傷」と言い換え、政府も使ってきた。負のイメージを払拭する言い換えで、再び原発推進へかじを切ろうという目論見があるのだろうか。

２０２３年5月31日、「ＧＸ脱炭素電源法」という法律が国会で成立した。この法律の意味を字面で理解できる人は、いったいどれほどいるだろうか。詳しく新聞を読むと、最長60年としてきた原発の寿命をさらに延ばすという法律である。「ＧＸ」という言葉も知らなかった。パソコンで検索すると、「グリーントランスフォーメーション」の略で、温室効果ガスの排出を削減し、経済社会システムの改革を進める対策とでてくる。何か、環境に良いことをする法律のように思える。

しかし、この法律の実態は、老朽化した原発の延命を図る「原発推進法」にほかならない。

２０１１年3月11日に起きた東日本大震災による福島第一原発事故の教訓がかすんでいる。「ＧＸ脱炭素電源法」は、原発の規制を強めてきた政府が、再び原発推進にかじを切るきっかけになる法律だとみることができる。それが字面からは、わからない。「老朽化」を「高経年化」と言い換えて「功を奏した」と、ほくそ笑む人たちが霞が関や永田町にいそうな気がしてならない。

ロシアによるウクライナへの侵略を、プーチン大統領は「特別軍事作戦」と言って、「戦争」という言葉を使っていない。紛れもない侵略戦争を、「作戦」という穏やかな言葉で覆い隠そうとする意図が透けて見える。

生ぬるい温暖化

同じようなことが、１９３９年5月に起きた日本とソ連の戦いでも言える。戦後の教科書はこれを「ノモンハン事件」と書いてきた。現地のモンゴルで取材すると、そこに流れる川の名前をとって「ハルハ河戦争」と呼んでいた。双方合わせて4万人の犠牲者を出した戦いが、事件であるはずがない。「事件」という言葉を使ったことで、明らかな敗戦だった戦いの勝敗を定めなくてよくなった。もし、ノモンハン戦争と呼んで敗戦の原因を分析していれば、その後の太平洋戦争の歴史は違ったものになったかもしれない。

言葉には、注意深くあらねばならない。

２０１９年5月、英紙ガーディアンは、「気候変動」を「気候危機」「気候異常事態」と言い換えた。「地球温暖化」は「地球炎暑化」である。人類の大惨事を語るとき、気候変動では穏やか過ぎるというのが言い換えの理由だという。それでも生ぬるい。国連のグテーレス事務総長は23年7月、「地球温暖化の時代は終わり、地球沸騰の時代が来た」と述べている。より実態に近い言葉を使うことで、社会全体の危機意識が高まる。本質を覆い隠す言葉が浸透すれば、社会のリスクを高めることにつながりはしないか。本質を言葉でごまかしてはならない。

正解はどちら?

	A	B	解答欄
❶	愛想を振りまく	愛敬を振りまく	
❷	肩をなで下ろす	肩の荷を下ろす	
❸	気のおけない店で一杯	気のおける店で一杯	
❹	破天荒な記録を出した	破天荒な人生を送った	
❺	がぜん優れている	がぜん天気が崩れた	
❻	寸暇を惜しまず働いた	寸暇を惜しんで働いた	
❼	くしの歯が欠けるように	くしの歯が抜けるように	
❽	国敗れて山河あり	国破れて山河あり	
❾	公算が強い	公算が大きい	
❿	カトリックの牧師	カトリックの神父	
⓫	食指を動かす	食指を伸ばす	
⓬	古式豊かに	古式ゆかしく	
⓭	準備万端だ	準備万端が整う	
⓮	宗派の指導者が殉教	宗派の指導者が殉死	
⓯	働きずくめで疲れた	働きづめで疲れた	
⓰	二の舞いを踏む	二の舞いを演じる	
⓱	負けずとも劣らない	勝るとも劣らない	
⓲	排ガス	排気ガス	
⓳	押しも押されぬ	押しも押されもせぬ	
⓴	異存はなかった	異存は出なかった	
㉑	足元をすくわれる	足をすくわれる	
㉒	熱にうなされる	熱に浮かされる	
㉓	汚名挽回	汚名返上	
㉔	弓矢を引く	弓を引く	
㉕	胸先三寸に納める	胸三寸に納める	

答えは次のページ

誤用にご用心

	誤用		正解	解説
1	愛想を振りまく	B	愛敬を振りまく	愛想は振りまかない！　愛想はいい、悪い
2	肩をなで下ろす	B	肩の荷を下ろす	なで下ろすのは胸
3	気のおける店で一杯	A	気のおけない店で一杯	「気のおけない」は遠慮がいらないの意味
4	破天荒な人生を送った	A	破天荒な記録を出した	誰もできなかったこと。型破りは間違い
5	がぜん優れている	B	がぜん天気が崩れた	断然ではない。突然の意味
6	寸暇を惜しまず働いた	B	寸暇を惜しんで働いた	骨身を惜しまずと混同
7	くしの歯が抜けるように	A	くしの歯が欠けるように	髪の毛は抜けるんだけど……
8	国敗れて山河あり	B	国破れて山河あり	杜甫の詩は「国破山河在」
9	公算が強い	B	公算が大きい	公算とは確率
10	カトリックの牧師	B	カトリックの神父	牧師はプロテスタント
11	食指を伸ばす	A	食指を動かす	伸ばすのは触手
12	古式豊かに	B	古式ゆかしく	古来のやり方がゆかしく感じられる
13	準備万端だ	B	準備万端が整う	万端はある物事についてのすべての事柄
14	宗派の指導者が殉死	A	宗派の指導者が殉教	殉死は臣下が主君の後を追って自殺すること
15	働きずくめで疲れた	B	働きづめで疲れた	ずくめは黒ずくめ
16	二の舞いを踏む	B	二の舞いを演じる	二の足を踏むと混同
17	負けずとも劣らない	B	勝るとも劣らない	負けず劣らずと混同
18	排気ガス	A	排ガス	気はガスの意味
19	押しも押されぬ	B	押しも押されもせぬ	押すに押されぬ、と混同
20	異存は出なかった	A	異存はなかった	異議は出なかったと混同
21	足元をすくわれる	B	足をすくわれる	相手のすきに付け入って失敗に導く
22	熱にうなされる	B	熱に浮かされる	うなされるのは夢
23	汚名挽回	B	汚名返上	挽回するのは名誉
24	弓矢を引く	B	弓を引く	矢は放つ
25	胸先三寸に納める	B	胸三寸に納める	舌先が三寸

第3章　小論文を書く

1章、2章では、「伝わる文章」を書くための細かなルールや作法について書いてきた。この章では「小論文」について取り上げる。適切な問いを立て、客観的な根拠に基づいて物事を論理的に分析し、結論を導き出す文章である。

2020年秋、菅義偉《すがよしひで》総理大臣が、日本学術会議の会員6人の任命を拒否したことが連日ニュースで取り上げられた。朝日新聞には10月2日、「学術会議推薦の会員任命　首相、6氏を除外」という記事が載った。関西学院大学の授業では毎回、「きょうの朝刊を読んで」というコーナーを設けている。そのときも新聞を見せながらニュース解説をした。

そして、学生たちには「今から1週間、新聞などでこの問題を調べてあなた自身の考えをまとめましょう」と呼びかけた。そして、小論文のテーマを与えた。

「日本学術会議の任命拒否問題――あなたはどう考えますか」

実地訓練である。報道を要約すると、こんなふうだ。菅首相は10月1日、「日本学術会議」の新会員について、会議が推薦した候補者105人のうち6人を除外して任命した。それまで、首相が推薦者を拒否した例はなかった。法律上、任命するのは首相だが、「学問の自由」の侵害だという声が出ている。

問題の経緯は次の通り。

2020年8月31日　日本学術会議が105人分の会員候補の推薦名簿を政府に提出

10月1日　菅首相が、6人を除いた99人を任命する人事を発令

10月5日　菅首相は「総合的・俯瞰的な活動を確保する観点から、今回の任命について判断した」と語った

日本学術会議ってどんな組織？

さて、問題の本質はどこにあるのか。こんな課題が出されたらどうするか。今なら、思わず「ChatGPT（チャットGPT）」を使ってしまいそうだ。だが、自分で考える力を阻むおそれがあるから禁止。とりあえず、実際に調べてみることにする。まず、「日

本学術会議」と検索してウェブサイトを開いた。こう書いてあった。

「我が国の科学者の代表機関」
日本学術会議は、我が国の平和的復興、人類社会の福祉に貢献し、世界の学界と提携して学術の進歩に寄与することを使命として日本学術会議法に基づいて設立された日本のアカデミーであり、内閣総理大臣所轄の下、独立して職務を行う機関です。
人文・社会科学から生命科学、理学・工学にわたる全分野の科学者で構成され、210名（定員）と約2000名の連携会員で構成されています。

学術会議の役割は、次のように書いてあった。

- 政府・社会に対して日本の科学者の意見を直接提言
- 市民社会との対話を通じて科学への理解を深める
- 地域社会の学術振興や学協会の機能強化に貢献
- 日本を代表するアカデミーとして国際学術交流を推進

そして、会員の選び方について、日本学術会議法17条は「会議は、優れた研究又は業績がある科学者のうちから会員の候補者を選考し、**内閣総理大臣に推薦する**」と書いてある。さらに、7条で「推薦に基づいて**内閣総理大臣が任命する**」と規定している。

課題を出してからの1週間で、様々な新聞が書いていたのは6人の研究内容や過去の発言だ。委員に任命されなかった6人と、その政治的スタンスは次の通りだ（20年10月現在）。

芦名定道・京都大学教授（宗教学）

※「安全保障関連法に反対する学者の会」に賛同

宇野重規・東京大学教授（政治思想史）

※2013年に特定秘密保護法案に反対の立場を表明

岡田正則・早稲田大学教授（行政法学）

※沖縄県名護市辺野古沖の埋め立て承認を撤回した沖縄県に対する政府の法的手続きについて、「制度の濫用」と批判

小沢隆一・東京慈恵会医科大学教授（憲法学）

※安保関連法案について、「存立危機事態の定義があいまい」と衆院特別委で発言

加藤陽子・東京大学教授（日本近代史）

※「立憲デモクラシーの会」の呼びかけ人の一人
松宮孝明・立命館大学教授（刑事法学）
　※組織的犯罪処罰法改正案について、「共謀罪は必要ない」と発言

賛否、中立、意見分かれる

ネットと新聞を使って、ここまでわかってきた。そして1週間後、学生たちに800字の小論文を書かせた。時間は1時間。結果は、菅首相の任命拒否に賛同する人は6人、反対する人は15人、中立は11人だった。主な理由は次の通りだった。

任命拒否に賛成の人の意見

- 学問の自由に何の影響もない。なぜなら政府の考えと違う学者を大学から追いやったり、科学研究費を打ち切ったりしたわけではない。
- 推薦された105人を、首相が精査せずに全員通していた慣例こそ疑問
- 学術会議は、国防のための軍事的研究はせず、中国の科学技術協会と覚書を結ぶ「反日組織」のような存在

- 学術会議は軍事研究に否定的な態度を貫く、政治的に極端な思想の集団

任命拒否に反対の人の意見

- 菅首相に、推薦基準である「優れた研究または業績」を判断する能力はない
- 研究内容が政府に認められるかどうか気にしていたら、学問からいいものは生まれない
- 科学者が戦争の遂行に動員された苦い教訓を踏まえ、設立されたのが学術会議。任命拒否は、独立の立場で政策提言するという職務を妨げる
- 政府と同じ考えの科学者ばかりが会員になると、すべて政府の思い通りになる

中立の人の意見

- 賛成であれ、反対であれ、菅氏が納得できる説明をしてくれれば問題は収まる
- 税金で支えられた学術会議は、国民に自分たちの存在意義を説明しなければならない
- 問題視されるのは、任命拒否の理由に関しての一切を政府が明かさないことだ
- 国の金で動いている団体である以上、政府の声を無視できない。政府から独立したらいい

中国人留学生2人が、いずれも「任命拒否」に賛同する小論文を書いていた。こういう

意見があったので紹介しておく。「私の国では政治に関する意見を述べることは禁じられている」との前提で、「日本ではなんでも話せるのに衝撃を受けた。政権安定のためなら任命拒否もしょうがない。たかが６人が拒否されたことで、ちょっと大げさじゃないか」

もう一人は、「中国で学者が政府を批判すると間違いなく逮捕される」としたうえで、「中国でコロナ対策が成功したのはリーダーシップが発揮できたからだ。時には独裁が必要だ」と書いている。政治体制が違えば、物事の評価も変わってくるのだと実感した。

さて、文法力、表現力、思考力の点数で最高点をつけた小論文を紹介したい。文学部１年の学生が書いたものだ。

独立性の危機

恥ずかしながら、私はこの問題が起こるまで、日本学術会議という存在を知らなかった。連日ニュースで報道され、一向に解決していない様子を見ると、自然と日本学術会議とは何なのかと興味がわいてきた。

たった６人が任命されなかっただけで、大袈裟な話だと思っている人も多いと思う。私もそう思っていた。しかし、注目されている理由がわかった。

「日本学術会議は、内閣総理大臣の所轄の下、政府から独立して職務を行う『特別な機関』として設立されました」と、日本学術会議の公式ホームページに記載してある。1983年当時、中曽根首相は日本学術会議の会員の任命について「政府が行うものは形式的任命である」と述べていた。日本学術会議の独立性について明言していたのだ。

しかし、今回の問題で菅首相は「推薦された方をそのまま任命することについて、前例を踏襲していいか考えてきた」と発言した。私は今回の菅首相の発言がまかり通ってしまうのならば、日本学術会議は独立した機関ではなくなってしまうと思った。

外された6人の会員候補の共通点は、政府の方針に対して異論を唱えていたことだ。安保関連法や特定秘密関連法、辺野古基地建設などで、政府の対応を批判していた。このような事実があるからこそ、今回の問題が大きく注目されているのだなと思った。政府として厄介だと思う人物を排除しようとしているようにしか見えない。

民主主義を掲げている日本であるが、このようなことが今後も許されてしまうのであれば、それは民主主義の崩壊である。政府の思うとおりに政治が進み、声を上げて反対するものがいれば、排除されてしまう恐れがある。

菅首相には、任命拒否した理由を明確にする責任があると思う。今回の問題を放置し、説明を避けてしまっては民主主義が危うい。早急に任命を拒否した理由を説明し、問題を解決してほしいものだ。

文学部1年　三瀬　梨央奈

三瀬さんは、「菅首相の任命拒否は、日本学術会議の独立性の危機ではないか」と問いを立てた。そして、6人の会員候補がいずれも、政府の政策に異論を唱えていた人たちで「厄介な人物を排除したのではないか」と類推する。中曽根首相の「任命は形式的」という過去の答弁を引用し、論の説得性に厚みをつけた。最後に、菅首相は任命拒否の理由を明らかにしていないという点を押さえて、首相に説明を求める結論になっている。

三瀬さんに聞くと、「ウィキペディアなどで調べようとしたが、誰でも書き換えられるので信頼できない。父親が取っている日本経済新聞を読んで調べた」と話した。

「問い」と「結論」が必要

一般的な作文と違い、小論文に必要な要素は「問いの設定」と「結論」だ。この問題では「なぜ、菅総理は日本学術会議の会員6人の任命を拒否したのか」という「問い」が浮かぶ。しかし、菅首相は真意を言葉で語らないから、様々な事実を掘り起こし、類推しながら結論を導くしかない。

こういうときは、まず、論議になっている疑問点を書き出してみる。

①　総理大臣に会員の任命権はあるのか？
②　学問の自由は侵害されたのか？
③　日本学術会議とはどんな団体か。存在意義とは？
④　任命されなかった6人はどんな人か？

①の首相に任命権はあるかについて。
日本学術会議法で「会議の推薦に基づいて総理大臣が任命する」とあるので、条文から

は「総理に任命権はある」と解釈できそうだ。ただし、「推薦に基づいて」という言葉の解釈が難しい。これを「推薦通りに任命する」と受け取るのか、「推薦を排除できる」ととらえるかで、解釈が分かれる。そういうときは、論点を整理してみる。

菅総理に任命権があると言う人

内閣府学術会議事務局と内閣法制局が協議し、解釈を明確化した文書（2018年11月）の存在を論拠にあげる。その文書には「（総理に）推薦のとおりに任命すべき義務があるとまでは言えない」と書かれているという。

菅総理に任命権がないと言う人

1983年、当時の中曽根康弘首相の国会答弁を論拠とする。会員を選挙で選ぶ方式から、推薦に変える過程で開かれた参院文教委員会（5月12日）で、中曽根首相はこう述べている。「政府の行為は形式的行為とお考えくだされば、学問の自由独立というものはあくまで保障されるものと考えております」

国会議事録を検索

念のため、「国会会議録検索システム」で過去の中曽根答弁を検索した。前後の質問も含め、一字一句違わぬ答弁記録を読むことができる。この検索システムは、非常に便利だ。政治家の答弁が必要な論文を書く場合、ぜひ利用するといい。

一方、内閣府学術会議事務局と内閣法制局の協議文書（２０１８年）は、どこにあるのだろうか。当時の日本学術会議会長の山極寿一・元京都大学総長は、「見せられたことはないし、存在も知らなかった」と語っている。委員の任命に関する重大な文書を、そのトップが知らないということがあるのだろうか。論拠として怪しくなってくる。

②の「学問の自由は侵害されたか」はどうだろう。

学生の小論文に、「政府の考えと違う学者を大学から追いやったり、科学研究費を打ち切ったりしたわけではない」というのがあった。「だから学問の自由は侵害されていない」と書いていた。果たしてそうなのか。

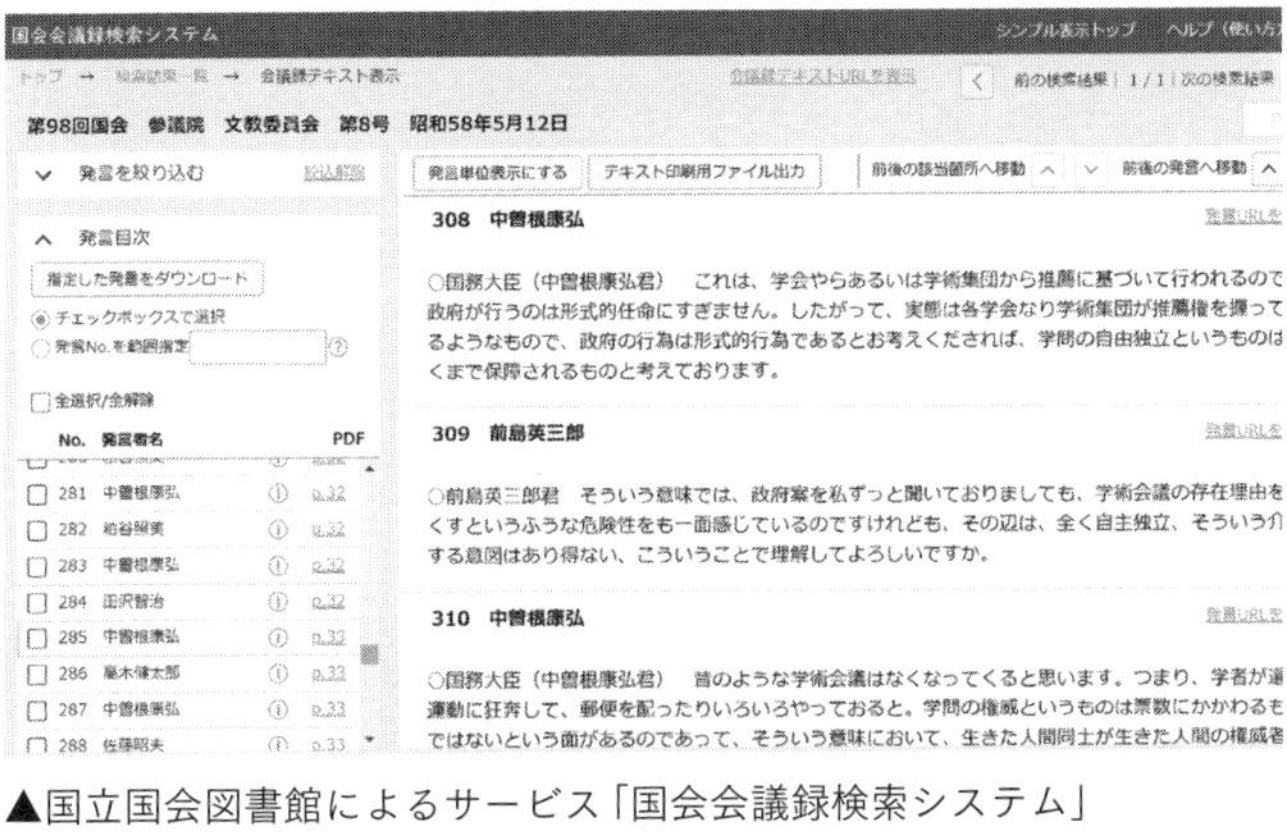

▲国立国会図書館によるサービス「国会会議録検索システム」

「学問の自由」とは

「学問の自由」の定義付けをしないと、ここで議論が二股に分かれてしまいそうだ。小論文の難しいところは、この「分岐点」に立ったときにいかに深く考察するかである。

憲法23条に「学問の自由は、これを保障する」と書かれている。わずか14文字。あまりにもあっさりし過ぎてわかりにくい。最高裁の判例を、裁判所のサイト（https://www.courts.go.jp/index.html）で調べてみる。過去の裁判例が載っている便利なサイトだ。そこに、「学問の自由」は「学問的研究の自由と、その研究発表の自由を含む」と書いてある。さらに、「特に大学におけるそれらの自由と教授の自由を保障する」と記されている。つまり、「大学の研究には、国による干渉は許されない」という趣旨が含まれている。「分岐点」ではこの真意を見つけ出すことが重要だ。

③は、日本学術会議の存在意義とは何かという疑問である。実際、学生たちは「存在を知らなかった」「報道され始めたころ、何のことを言っているかさっぱりわからなかった」というほど、組織の実態が知られていなかった。「成果も知らされていない集団に税金を投入することは不思議だ」という意見もあった。「学術会議は国民に存在意義をしっかり

説明しなければならない」という主張はその通りだと思った。

ある学生は、「毎年10億円という多くの税金をもらいながらそれに見合う功績が本当にあったのか」と問いかけていた。「10億円」が多いかどうかは別にして、「功績があったのか」は気になるところだ。

ただ、この後に功績を検証すればよいのだが、「2015年に中国の科学技術協会と覚書を結んでいる」ことに焦点を向け、「これでは日本の技術が盗まれるだけでなく、中国の軍事に転用されてしまうのでは」と論を飛躍させてしまった。そして、学術会議を「はっきり言って反日組織のような存在だと私は感じている」との見方を示している。

この小論文では、学術会議は、中国科学技術協会との覚書によって、日本の軍事技術を中国へ提供しているのではと「想像」を膨らませている。その根拠がないまま、「反日組織」と断じている。「反日組織」という言葉には、相手への強い「非難」が隠れている。「もう少し冷静な言葉を使えませんか」と添削文に書き添えた。

別の学生の文章では、同会議が委員会の会議などで「しんぶん赤旗を配布」したことを問題視し、「政治的に極端な思想を含む集団」と書き、民営化を求めている。「しんぶん赤旗」を配ることを「極端な思想」と結びつけ、飛躍してしまった。少なくとも配られた「しんぶん赤旗」には何が書いてあるか知りたい。それを、いつどこで誰が何の目的で配ったのか。「５Ｗ１Ｈ」を固めたうえで、問題点を明らかにしないと、議論は進まない。「極端な思想という言葉で思い浮かべるのは、オウム真理教かイスラム国ぐらいです。この言葉に強い違和感を覚えます」と、添削文に書き添えた。

重鎮政治家の誤情報が拡散

「学術会議」の任命拒否問題をＳＮＳ上で調べてみてわかったことがある。「右翼系サイト」に、これらの学生論文と同種の意見が数多く書き込まれているのだ。それらの言説の引き金になったのは、自民党の甘利明・税調会長（当時）がその年の８月に書いたブログとみられる。甘利氏といえば、神奈川の選挙区で当選13回の衆院議員で、自民党の政調会長や幹事長を務めた重鎮である。

甘利氏のブログ「国会リポート４１０号」（２０２０年10月13日）に、次のような記述が載っている。

「日本学術会議は防衛省予算を使った研究開発には参加を禁じていますが、中国の『外国人研究者ヘッドハンティングプラン』である『千人計画』には間接的に協力しているように映ります」

このブログについて、東京新聞のウェブニュース（20年10月16日）は、甘利氏は「中国の軍事研究につながる『千人計画』に学術会議が積極的に協力しているという趣旨の自身のブログを『間接的に協力しているように映ります』と内容を書き換えていた」と指摘していた。日本学術会議が「千人計画と学術会議は関係ない」と抗議し、甘利氏はブログの断定的表現を書き換えたという。

だが、一度断定した言葉は、誤情報でもネット上では簡単に拡散する。高橋洋一・嘉悦大学教授のＹｏｕＴｕｂｅチャンネルは「日本学術会議の闇」と題して、批判の動画を公開している。「学術会議は中国の軍事研究には協力するけど、日本の軍事研究にはだめと言っている。そんなの知ってる人はみんな知ってる」と語っている。この動画の視聴回数は95万回で、２・３万人が「いいね」を押していた（２０２３年6月16日現在）。

高橋氏は２０２０年10月から、菅首相のもと、内閣府官房参与を務めた人物である。首相の側近が、誤情報の発信に一役買っている構図である。結果的に論拠のない誤情報は増殖を繰り返し、ネット上で学術会議は「反日組織」「共産党に支配されている」と定義された感がある。ＳＮＳの世界で「フェイク」が定位置を占めるのは実に簡単なことだ。

言葉の爆発のさせ方

今回の学術会議の任命拒否をテーマにした小論文は、新聞で調べた学生と、ＳＮＳ上の玉石混交の情報に頼ったと思われる学生の間で、明らかに事実認識の差が出たように思われる。情報の中でどれがフェイクで、どれがファクトかを見極めなければならない。自民党の重鎮政治家や首相の側近が語ったから、それが事実だとは限らない。メディアリテラシーを鍛えなければ、ネットの海を泳ぐことはできない。

さて、「反日」に象徴されるように、言葉を過激化させる人たちには、清水幾多郎が『論文の書き方』に記した言葉を贈りたい。

「無闇に烈しい言葉を用いると、言葉が相手の心の内部へ入り込む前に爆発してしまう。言葉は相手の心の内部へ静かに入って、入ってから爆発を遂げた方がよいのである。いや、爆発を遂げるのは、言葉そのものではなく、言葉に託されている観念なのであるから、言葉は慎ましいものであるに限る」

定義付けが必要な言葉

小論文で大事なことの一つは、定義付けだ。今回の場合、「日本学術会議」を定義しなければならない。「１９４９年に発足した科学者組織。科学政策に対する提言や世論の啓発などを目的とする。内閣府に設置されるが、政府から独立して職務を行う特別の機関と位置づけられている」というのはホームページに書かれている。さらに歴史的背景に触れ、「戦前、意に反して戦争に協力させられた研究者が大勢いたことから、その反省に立ち、軍事目的の研究は行わないと表明している」と付け加えると、読む側の理解は進む。

この「軍事目的の研究は行わない」の評価で議論が分かれている。

読売新聞の学術会議人事に関する社説（２０２０年10月6日付）には、次のように書かれている。「先の大戦で科学者が戦争に関わった反省から、１９４９年に設立され、『軍事目的の研究は認めない』という立場を維持している。２０１７年には、防衛装備庁の研究支援制度を利用しないよう、大学などに呼びかけた」。この「事実」に基づき、読売新聞の「意見」は続く。「情報技術が飛躍的に発展した現在、科学の研究に『民生』と『軍事』の境界を設けるのは、無理がある。旧態依然の発想を改めることも必要ではないか」

「デュアルユース」という言葉がある。「民生と軍事の両方に使用できる技術」という意味だ。二つに、境界を設けるのは難しい。だから境界を超えるのがいいのか、あるいは難しくても、境界を見定めるべきか。ここの論点の賛否が、任命拒否問題の根底にあると考えられる。

さて小論文の結論である。学生たちの過半数が「任命拒否の理由を説明してほしい」と結びを書いていた。「国民にはっきりした任命拒否に至る理由が説明されないまま、結果だけが伝えられた。これでは民主主義を守ることができない」（法学部2年）というように。政府の説明責任は、民主主義社会を支える基盤である。

「説明を」イタリア学会も声明

日本のイタリア学会（会長　藤谷道夫・慶應義塾大学教授）という組織が、2020年10月17日付で任命拒否問題について「声明」を出している。「情報公開制度は古代ローマ時代のイタリアで芽生えた」という前提に立ち、政府に「説明責任」を求める声明は示唆に富んでいた。

「私たちが最も問題とするのは、説明がないことである」と声明は訴える。そのうえで、カフカの小説『審判』を例にあげていた。「主人公ヨーゼフはある日、見知らぬ2人の男の訪問を受け、何の理由も告げられず、逮捕される。その後、何の説明もなしに、有罪とされ、『犬のように』処刑される」

イタリア学会は「説明しないことこそが権力の行使であり、国民を無力化させる手法なのである」と書き、次のように続ける。

「こうして国民は恐怖と不安から権力に従うようになる。なかには権力に忖度し、取り入る者が出てくる。こうした事例からも民主主義がいかに『説明すること』にかかっているかが分かる。説明と情報公開が民主主義を支える命であり、それを破壊する手段は〈説明しないこと〉〈情報を秘匿すること〉なのである」

イタリア学会までも巻き込んだ、任命拒否問題。菅首相から岸田文雄首相に代わっても、いまだに尾を引いている。2023年8月時点で、6人の任命拒否は続き、説明はなされないままだ。多くの学生が書いた提言通り、今後、説明責任が果たされることを期待したい。

第4章　新聞「社説」を読む

新聞には「報道」と「言論」という役割があり、「言論」の中心を担うのが社説である。全国紙では、おおむね1日に2本が掲載される。文字数は朝日新聞の場合1050字。毎日新聞は900字、読売新聞と日本経済新聞の場合は、2本の社説で文字数が違っている。この4紙でみると、810字から1050字の範囲内で社説は書かれている（23年5月現在）。

ちなみに、23年5月30日付の全国紙の社説のタイトルと、1面コラムの題材を並べてみた。この日のニュースは、北朝鮮の衛星発射予告や俳優の役所広司さんがカンヌ映画祭で最優秀男優賞を受賞した話、トルコ大統領のエルドアン氏の再選など硬軟さまざまな話題が並んでいた。

全国紙社説　比べてみれば

（2023年5月30日）

		テーマ	見出し	字数
朝日新聞	第1社説	福島第一原発	台座損傷の対策徹底を	1050
	第2社説	北朝鮮「衛星」	挑発の中止強く求める	1050
	天声人語	週刊朝日101年に幕		606
毎日新聞	第1社説	首相長男が秘書官辞職	公私混同のけじめは当然	900
	第2社説	トルコ大統領が再選	地域安定への責任は重い	900
	余　録	エルドアン強権批判		614
読売新聞	第1社説	北の発射予告	「人工衛星」に潜む軍事的脅威	1011
	第2社説	役所さん男優賞	高い演技力が世界を魅了した	992
	編集手帳	梅雨入りと北朝鮮		458
日本経済新聞	第1社説		トルコは民主主義体制の立て直し急げ	960
	第2社説		「裁判記録は公共財」の徹底を	810
	春　秋	役所広司さん男優賞		564

社説は小論文

このように、新聞社説や1面コラムを読むと、その日のニュースが一目瞭然でわかる。小論文を上達させたいと思う人は、まずは新聞の社説を読むことが近道だ。そこには「問い」があり、「結論」がある。そして、明確な論拠に基づき、事実と意見を区別しながら書いている。同じ題材を扱っても新聞社によって結論が違うこともままある。どの論に共感するか読み比べてみるのもおもしろい。

私は２００５年から4年間、朝日新聞社で論説委員をつとめ、70本余りの社説を書いた。そのいくつかの社説を題材に、小論文の書き方のヒントを示せたらと思う。「河川計画　議論は地に足を着けて」は、２００５年10月23日付で書いた。２００６年度の大阪音楽大学の入学試験の問題にも採用された（94ページ参照）。ちなみに、大学入試に採用されたかどうかは、筆者であっても事後にしか知ることはできなかった。この資料は、私が高松総局に勤務していた時代に、高松市内の高校生の教材として、朝日新聞販売局の協力を得て作製したものである。

「河川計画」の社説は、国土交通省が、全国にある１０９の一級河川の基本方針を策定

河川計画

議論は地に足を着けて

日本の川の将来計画が次々と決まっている。８年前に改正された河川法に基づくもので、全国に１０９ある１級河川では、すでに31水系で基本方針が定められた。今月から利根川と淀川の計画の策定が始まり、07年度までに全水系での決定を目指している。

作業は、国土交通省に置かれた審議会の小委員会で進められている。審議の方向を決めるうえで、きわめて重要な意味を持つのが「基本高水《きほんこうすい》流量」だ。計画の前提となる最大の洪水規模を表す。80年に１度の洪水に備えるのか、２００年に１度の大洪水まで考えるのかで、結論は大きく変わってくる。

基本高水が大きいほど水量を調節するダムや遊水池の規模や数も増える。安全度は高いに越したことはないが、事業費は膨らみ、環境への影響も大きくなってしまう。

80年に作られた利根川の現計画では、２００年に１度の事態まで想定している。基本高水を毎秒２万２千㌧とはじき、このうち６千㌧を上流でカットすることにした。

しかし、現在ある六つのダムでは１千㌧しか抑えられない。半世紀前に計画され、まだ本体の着工もできない八ツ場《やんば》ダム（群馬県）を合わせてもカット量は１６００㌧。残り４４００㌧を調節するには、あと20基ものダムが必要になる計算だ。淀川も同様で、目標の半分にも達していないことになる。

国はこうした実情を踏まえて、どのくらいの安全度をめざすのか、そのための治水プランや事業費はどれほどの規模になるのかを明示しなければならない。

大洪水はご免だが、限られた財源と環境への意識の高まりのなかで、ダムを次々と造るなど絵空事でしかない。実際に到達できる目標を掲げて、実現への道筋を描き、それで残ったリスクにはどう対応するのかを詰める。そうした足が地に着いた議論をしない限り、住民の理解に支えられた実効ある治水は望めない。

とりわけ１千万人を超える流域人口を抱える利根川、淀川では、さまざまな利害が絡み合う。何よりも情報開示が欠かせない。

開発に偏った行政への厳しい批判を受けて、河川法は97年の改正で、「住民参加」と「環境保全」の理念を入れた。だが、小委員会の顔ぶれを見ると、国交省の政策に肯定的な学者や元官僚らが委員に並ぶ。国にお墨付きを与えるのが役割と見られても仕方がない。

法改正の精神を生かし、治水だけでなく、生態系や法律、財政の専門家、流域住民らも加えるべきではないか。

そうした意味で、２級河川ではあるが兵庫県の武庫川《むこがわ》の計画作りは先進的だ。治水や環境の専門家のほか、公募で選ばれた住民10人を加えた流域委員会に実質的な基本方針づくりを委ねた。近く、基本高水を含む中間報告を出す。

官僚主導を弱め、流域の自治に任せることも一案だろう。

日本には１０９本の一級河川がある。こうした河川の「洪水対策」を名目に、国がつくる「河川計画」は画餅のようだと注文をつけた。例えば首都圏の利根川。半世紀以上も前に計画され、いまだに着工できない八ツ場ダムという計画がある。政府の河川計画では、利根川には実は八ツ場ダムだけでは足りず、あと20基のダムが必要という。お金がいくらあっても足りない河川計画の非現実性を説いた。

▲2005年10月23日付の社説。2006年度の大阪音楽大学の入試問題に採用された

しているときに、このまま進めば大規模な環境破壊が起きるのではないかという「問い」が出発点だった。国は河川ごとに小委員会を作って、何年に一度の洪水に備えるのかを決めていた。それは、住民にとって「80年に1度」よりも「200年に1度」の洪水に備える方がいいに決まっている。ただし、より安全度を高めるためには、上流に水を貯《た》めるダムを築かなければならなくなってくる。利根川水系の計画では、上流で6千トンの水を貯めなければならないという議論が進んでいた。既存のダムでは千トンしか貯められず、当時建設中だった八ツ場《やんば》ダム（群馬県）を合わせても、カット量は1600トンにすぎなかった。この基本方針が決まれば、計算上、今あるダムの6倍の規模のダムを建設しないといけないことになる。

「これはおかしい」と問題意識が芽生え、「問い」を立てた。「この基本方針づくりは大量ダム建設計画ではないか」と。

「この先全国に何基のダム建設が必要になるのか」「建設費はいくらかかるのか」「上流の環境が破壊されるのではないか」「このやり方で洪水被害は抑えられるのか」。様々な疑問を箇条書きにして取材し、書いたのがこの社説だった。白い部分が「事実」で、網掛けの文字の部分が私の「評価」と「意見」である。小論文では、事実と意見の切り分けが重要だ。

そして結論へと続く。巨大ダムをたくさん築く計画はコスト面、環境面で大きな問題をはらみ、流域住民を巻き込まない議論は河川防災上の問題も出て来ると指摘した。そして、「足が地に着いた議論をしない限り、住民の理解に支えられた実効ある治水は望めない」「官僚主導を弱め、流域の自治に任せることも一案だろう」とまとめた。

ところで、その日の社説のテーマはどのようにして決まるのか。論説委員になるまで、私も舞台裏は知らなかった。朝日新聞の場合（15年ほど前の話です）、こんな社説を書きたいと思ったら、論説委員たちが集まる「昼会」という場で、プレゼンテーションをしなければならない。テーマをレジュメに書いて配る人、いきなり粗原稿を渡す人、いろいろな人がいた。急に大きなニュースが飛び込むと、その話題に切り替わり、今日はこのテーマで行こうとなった。

政治、経済、国際報道というのが論説3本柱で、それぞれに専門記者が複数いた。私のような社会部系や、スポーツや科学、文化系の記者は「その他」グループとひとくくりにされていた。1人が発表すると、様々な専門分野の書き手たちが、その内容を吟味し、注文を付ける。時に激しい議論になり、2時間、3時間と続くこともあった。そして、まとまらないときは、論説主幹の裁定で論の方向性が決まった。

「柔らか頭」が肝心

当時、論説主幹だった若宮啓文さんは、「柔らか頭で尖《とんが》ろう」とよく言っていた。「柔らか頭で」とは、発想を柔らかくし、我々の価値観をまず疑うところから始めようという意味だった。「尖ろう」は、アンテナ、神経をとがらせて、多分野に批判鋭く、とんがっていこうという心意気を表した。

若宮さんは2008年3月に退任するまで、5年7カ月の間、論説主幹を務めた。そのときの奮闘の様子が『闘う社説――朝日新聞論説委員室　2000日の記録』（講談社）で紹介されている。

当時、先輩の論説委員から、社説は「床の間の天井」に例えられているという話を聞いた。「床の間の天井?:」。そういえば、意識して見たことはない。恭しく紙面の中に鎮座するが、誰も見向きもしない例えだった。実際、日々の取材に追われていた私自身、論説委員になるまで社説を読むことはめったになかった。まさに床の間の天井だった。若宮さんはそうした現状を憂え、様々なことに挑戦した。とにかく読んでもらわないと話にならない、という意欲が伝わってきた。

「闘う社説」には、その例がいくつか紹介されている。

「巨人を分割したら」（04年6月15日）という社説には、ぎょっとした。ライバル紙、読売新聞への挑戦状かと思うと、つい読みたくなってしまう。当時、プロ野球で近鉄バファローズがなくなって、1リーグ制に移行しようというときに掲載された社説だった。読売巨人軍を傘下に置く読売新聞社が、1リーグ制を主導した。そんなとき、各チームから大物を引き抜くスター軍団を二つに分け、パリーグの穴を埋めては、という提案だった。1リーグ制移行へ反対する皮肉の社説だった。

自民党議員の逮捕が相次いだとき、「国会は『犯罪者』の巣か」（02年6月19日）という社説を出したことも紹介されている。当時、自民党執行部から抗議の電話が入ったという。それならと「続・国会は犯罪者の巣か」（02年7月7日）という社説を掲げ、過去13年間で16人の逮捕者の氏名や容疑を並べたという。もう、抗議は来なかったそうだ。

蘇我入鹿で社説が書ける？

「読まれる社説」にするために、様々な挑戦をいとわない人だった。「社説にならないテーマはない」と断言していたことも、私の頭に刻まれている。

あるとき、その「矢」が飛んできた。2005年11月、奈良県明日香村で蘇我入鹿の邸宅と思われる建物跡5棟が見つかったと、奈良文化財研究所が発表した。入鹿といえば、645年、「乙巳《いっし》の変」で中大兄皇子（天智天皇）と中臣鎌足に殺された歴史上の人物だ。「蘇我邸発見か」は、全国紙やテレビニュースで大きく報道され、遺跡の見学会には約4500人が詰めかけた。

午前11時から開かれた「昼会」で、若宮さんが言った。「中村くん、これ、社説に書いてみようか」。「えっ」と一瞬、絶句した。

いやいや、政治、経済、国際問題、大事件や大事故なら社説の題材にはなろうが、さすがに「蘇我入鹿の家」で社説は書けないだろう。無茶ぶりも甚だしい。私がかつて奈良支局でデスクをしていた経験を踏まえ、若宮さんは名指ししたのだと思う。ニコニコしながら「では、よろしくね」との声に抗《あらが》えず、ただちに明日香村に向かったことを覚えている。

社説は小論文である。「問い」があり、「結論（提言）」がなければならない。「蘇我入鹿の家」では、問いが立てられない。どうしようか。悩みを深めたとき、明日香村を「地上に万葉集、地下に日本書紀」と例えていた研究者がいたことを思い出した。明日香村は古都保存法で景観が厳しく守られ、地上にはいまなお万葉の景色が残っている。一方、日本書紀は天皇家から見た歴史観に貫かれており、蘇我氏を実際以上に悪く描いているという指摘がある。蘇我氏の邸宅跡から木簡などが出土し、日本の起源の一端が解き明かされる可能性もある。

一方、そのころ文化庁は、同じ明日香村にある高松塚古墳の壁画保存に失敗し、壁画の劣化の責任を厳しく問われていた。そして社説は、次のような結論にたどりついた。

「地下を掘り進めば遠く日本書紀の痕跡が姿を現す。発掘は、日本の起源を知るうえで欠かせない。高松塚古墳の壁画保存の失敗は、文化庁が説明責任と情報公開を果たさなかったことが大きな原因だった。その轍《てつ》を踏まないためにも、発掘の成果を広く国民に伝えることが肝要だ」（2005年11月20日付朝日新聞社説）

かなり頭を悩ませたテーマだったが、最終的にゴーサインが出た。なんでも社説にできる――。そんな自信を深めた。

事態を動かせば5点

本書の第1章の冒頭で、若宮さんが「新聞記事の5段階評価」方式を掲げていたことを紹介した。

1点　読んでもらえた
2点　文章の意味が理解してもらえた
3点　なるほどと、共感してもらえた
4点　評判になった
5点　おかげで事態が動いた

論説委員4年目を迎え、5点を目指した。それは、2008年1月に橋下徹氏が大阪府知事に当選してから書いた一連の社説だった。

「橋下知事始動　大阪の沈没を救えるか」（2008年3月2日）は、こんな書き出しで始めた。

「破産寸前の財政をかかえる大阪府は、沈没間際の船といってもいい」

このころ、府財政は9年連続で赤字決算が続き、禁じ手の会計操作で府は借金返済を先送りにしていた。財政の正常化のためには、今後9年間で6500億円の歳出を減らすことが必要となっていた。橋下氏自身、「図書館以外の府立施設は不要」と、極端な物言いで、財政再建に意欲を燃やしていた。私も社説で財政再建が喫緊の課題だという姿勢を鮮明に出していった。

当時の大阪府の財政状況を、２００８年1月15日に書いた夕刊の「窓」というコラムを引用して説明したい。

タイトルは現代版「大阪冬の陣」とした。知事選が迫っていたからだ。

> 大坂城の天守閣は2度燃えた。最初は豊臣と徳川が戦った大坂夏の陣の１６１５年。2度目は１６６５年の落雷。そして１９３１年、今の天守閣が再建された。天守閣の西５００メートルに大阪府庁が立つ。財政は炎上寸前だ。昨年末には３５００億円の「赤字隠し」が発覚した。財政再建団体になるのを防ぐための予算操作だったというから驚きだ。

これが導入部である。大阪府は、炭鉱閉山の影響を受けた北海道夕張市のように財政再建団体になる寸前だったのである。

> 先週告示された大阪府知事選は、財政の立て直しが大きな争点になっている。過去に太田房江知事が、財政再建の「秘策」を示したことがある。いまはお蔵入りになっているが、借金5兆円の大阪府と、借金5兆4千億円の大阪市を合併して「大阪新都」をつくる構想だ。

府と市には港湾や水道 消防学校、大学など類似した事業や施設が数多くある。これらを統合して機能分担すれば、予算が節減できる。「新都」構想による節減目標額を、府は7千億円とはじき出した。
大阪城の南に立つ府立青少年会館と市立中央青年センターの姿が象徴的だ。会館からセンターまで歩くと250歩だった。こんな至近距離に、似たような公共施設が並ぶ姿がこっけいである。

税金で運営されるこの二つの府と市の施設は、並んで立っていた。貸会議室を備えていたが、両施設とも閑古鳥が鳴いていた。府と市が背中合わせで意思疎通ができていない象徴として取材した。

大坂冬の陣のあと、大坂城の堀は埋められ、豊臣家は滅亡へと進んでいった。さて、現代版「冬の陣」と言える知事選は、大阪再興の鍵を握る。財政破綻を免れるには、府や市をいったんつぶすような大胆な発想がほしいところだ。

「大阪維新の会」の初代代表だった橋下氏が「大阪都」構想を打ち出す前に、実は「新都」構想は存在していた。ただ、大阪府と大阪市は、「府市あわせ（不幸せ）」と呼ばれるほど、犬猿の仲だった。「新都」構想は遠かった。

「聖域残ってまっせ」知事に注文

改革に乗り出した橋下氏に注文を付けたのが、次のページの社説だった。「大阪の大なた　聖域、まだ残ってまっせ」（２００８年6月7日）。ちなみにこの社説は、09年度の高崎経済大学の入試問題に採用された。

橋下氏は職員給与を削減したり、私立学校への助成を減らしたり、府有財産を売ったりして大胆な改革案をまとめたが、手をつけない分野があった。「聖域なき改革」と言っていた橋下氏だったのに、と思って書いた。国の直轄公共事業は、府が3割を負担しなければならない。特に、淀川水系で国土交通省が進める四つのダム計画には約３８００億円がかかり、府の負担金は数百億円にのぼるのだ。だが、橋下氏はこの予算には全く手をつけていなかった。

この年の4月、国土交通省の諮問機関「淀川水系流域委員会」は、ダム建設計画について「待った」という意見書を出していた。そんな背景もある中で、「なぜ、言われるがま就任まもない橋下徹・大阪府知事は、途方もない府の借金の返済策に手腕をふるっていた。しかし、彼が手をつけない「聖域」があった。ダムや国道など国の直轄公共事業では、地方自治体に3割分の「請求書」が回ってくる。それを言われるがままに支払うのはおかしい、と注文をつけたのがこの社説。その後、橋下氏は「まるでぼったくりバーだ」と直轄負担金の支払い拒否を鮮明にした。

聖域、まだ残ってまっせ

大阪の大なた

5兆円という途方もない借金を抱えた大阪府の台所をどう立て直すか。タレント弁護士出身の橋下徹知事が、「大阪維新」と名付けた大胆な歳出削減案を発表した。

とりあえず9年間で6500億円の歳出を減らす目標を掲げ、初年度の今年、1100億円の収支を改善する。府の一般会計予算は3兆円あまりだ。財政再生団体への転落の危機にあるとはいえ、かなりの大なたである。

人件費の削減で345億円をひねりだした。府民に痛みを強いる以上、職員給与を削ってみせねば示しがつかないということだろう。このほか、私立学校への助成を減らしたり、府有財産を売却したりと、府民の暮らしにかかわる削減策がずらりと並ぶ。

注目したいのは、これだけ大胆な案をまとめた知事の手法である。

2カ月前に、まず削減の素案を示した。小学校の35人学級の廃止、青少年会館などの売却、市町村への補助金カット……。あまりの過激さに、府民から反対の声がわき上がった。

「あの事業は残せ」「ここは切らないで」。連日、100件近くのメールが知事に寄せられた。応援もあった。事業継続を求める集会も開かれた。

ある事業を残すのなら、代わりにどこを削るか。そんな税金の使い道をめぐる議論を起こし、優先順位を決めていく。結局、知事は障害者への助成削減や警察官の減員などは引っ込めた。

府民がこれほど予算に関心を持ち、議論したことはなかったろう。橋下氏の言動には様々な評価があるが、メディアを使った巧みな政治参加を演出したのは、まさに橋下流だった。

ただし、残念なのは「聖域なき改革」と言っていた知事が、二つの聖域を残したことだ。それは、政府の直轄事業と府議会だ。

政府が直接実施する公共事業に、地方自治体は応分の負担を求められる。大阪府の場合、第2京阪道路や淀川上流のダムなどがそれにあたる。昨年度、府は365億円を国に支払った。

これをなぜ、まな板に載せなかったのか。遠慮したのだろうか。

片山善博・元鳥取県知事は「国から飲み屋の勘定書きを回され、払わされるような仕組みだ」と語る。事業の詳しい内容が分からないため、知事自身が国の出先機関に行って計画書や帳簿をくったという。

最近、国土交通省が進める淀川水系の四つのダム事業について、有識者らの流域委員会が「待った」をかけた。投資額に見合う効果があるのか疑問が残るという趣旨だ。ここは切り込みどころではないのか。

第二の聖域は、この削減案を審議する府議会だ。全国5位の高報酬の議員たちが、自らをどう改革するのか。これからが見ものである。

▲2008年6月7日付社説。2009年度の高崎経済大学の入試問題に採用された

ま直轄事業負担金を出すのか」と、ぶら下がり取材で橋下氏に聞いた。だが、「これには手をつけられない」とあっさり否定されてしまった。

直轄負担金は「ぼったくり？」

その直後に書いたのが、この社説だった（網掛けの文字の部分が「意見」「評価」）。元鳥取県知事の片山善博氏に取材し、直轄事業負担金の制度は「国から飲み屋の勘定書きを回され、払わされるような仕組みだ」との言葉も取り入れた。知事経験者の実感を、大阪府民に、そして橋下氏本人に伝えたかった。もちろん当事者の国土交通省にも。その後、橋下氏は「直轄負担金」について「ぼったくりバー」のようなものだと発言し、批判の矛先を国へ向け始めた。やがて、負担金の不払い宣言をすると、全国の他の知事たちも追随して声を上げ始めた。

私はそのころ、橋下知事のほか、京都府の山田啓二知事、滋賀県の嘉田由紀子知事にシンポジウム参加を呼びかけた。題して「琵琶湖・淀川の流域自治を考える」。3人の知事は快諾してくれて、2008年11月23日、大阪市内でシンポは開かれた。3知事のほか、国交省の元河川局長や公共事業に詳しい学者らが意見を交わした。

バブル崩壊後、時代は中央集権から、地方分権へ移行していた。中央集権的な再分配ではなく、それぞれの地域社会のニーズに応じて医療、福祉、教育、子育てなどの公共サービスが担えるように、地方自治体の財源機能を高める必要があった。

しかし、国の大型公共事業は進み出したら止まらない。「ブレーキのついていない車」に乗せられて、財源を食い尽くしてしまうおそれがあった。特に、ダム建設はその象徴だった。3知事はそろって淀川水系の流域自治でスクラムを組み、まず滋賀県の大戸川ダム（大津市）に反対する姿勢を打ち出した。

そのときのシンポの様子は、朝日新聞の夕刊コラム「窓」（08年11月29日）に書いたので引用する。タイトルは「ダムと直轄負担金」。

> 千円の焼き魚定食でいいのに、料亭に連れていかれ、「1万円の懐石料理を食べろ」という。ところが、後でその3割、3千円を請求される。結局、2千円分、懐が寒くなる。

当時の滋賀県の嘉田知事が述べた例えがたいへんわかりやすかったので、冒頭に使わせてもらった。そして次のように続く。

国土交通省がダムを造る場合、地方自治体が支払う「直轄事業負担金」についてのたとえ話だ。淀川水系で国交省が進める四つのダム事業では、大阪府の場合、今後支出する負担金は数百億円にのぼる。

先日、大阪、京都、滋賀の3知事らを招き、朝日新聞社が淀川のダムと自治を考えるシンポジウムを開いた。3知事は今月、4ダムのうちの一つ、大戸川ダムの建設に反対を表明したばかりで、この負担金問題で議論が白熱した。

京都府の山田啓二知事は「はっきり言ってブラックボックス」と負担金の明細の不透明さを批判。滋賀県の嘉田由紀子知事は「河川の管理費で、国直轄は県管理の30倍のお金が入っている」とリッチな国の懐を紹介している。大阪府の橋下徹知事は「近畿地方整備局がもっている府の事業も、僕のコントロール下に入ればゼロから見直す」と意気込んだ。

知事らの訴えの背景に、疲弊する地方財政がある。食べたくもない料理につき合わされ、破産したら元も子もないのだ。

翌2009年になって事態が動いた。橋下知事が、負担金のうち2割の支払い拒否宣言をしたのだ。その経緯は「直轄負担金　橋下知事の不払いに理」（09年2月10日）という社説に書いた。

結局、四つのダムのうち、大戸川ダムの建設計画は凍結され、滋賀県の丹生ダムは中止が決まった。自治体の首長が力を合わせると、強大な国家権力も折れることがあるという珍しい前例となった。ただ、その後、滋賀県で自民や公明の支援を受けた知事が誕生し、大戸川ダムは再び建設へ動き出したことを付言しておく。

3章では、「日本学術会議の任命拒否」問題を題材に、小論文を書く上でのルールや調査方法に言及しました。4章では、私がかかわった新聞社説の舞台裏を紹介しました。読む習慣をつければ必ず文章力と論理的な考え方が身に付くという思いからです。小論文を書く上で、大事な視点は次の5点です。大学のリポートでも意識していただければ、高得点間違いなしです。（これは私の意見です）

1　適切な問いの設定
2　明確な論拠
3　事実と意見の区別
4　定義付け
5　結論（提言）

ファクト確認　ウェブサイト一覧

記者時代、ファクトの確認に使っていた主なウェブサイトです。ご参照ください。

e-GOV法令検索

法律の条文を調べるなら
elaws.e-gov.go.jp

日本弁護士連合会

紛争事件や弁護士情報が検索できる
nichibenren.or.jp

厚生労働省　医療情報ネット

全国の病院の医師名や手術例、他言語会話能力などプロファイルを知ることができる
mhlw.go.jp/stf/seisakunitsuite/bunya/kenkou_iryou/iryou/teikyouseido/index.html

国会会議録検索システム

国会議員の発言を確認できる
帝国議会時代も検索可能
kokkai.ndl.go.jp

国立国会図書館

書籍名の確認ができる
ndl.go.jp

NPO法人ポータルサイト（内閣府）

全国の特定非営利活動法人を検索
npo-homepage.go.jp/npoportal/

国指定文化財等データベース（文化庁）

全国の国宝や重要文化財を写真付きで紹介
kunishitei.bunka.go.jp

国立天文台暦計算室

全国の日の出日の入り、月の出月の入り時間など天文情報を知ることができる
eco.mtk.nao.ac.jp/koyomi

気象庁　過去の気象データ検索

全国各地の気象データの詳細がわかる
最高気温ランキングも一発検索
data.jma.go.jp/stats/etrn/index.php

ギネスワールドレコーズ

ギネスの世界記録が網羅される本家本元のサイト
記録に挑戦する方法も紹介
guinnessworldrecords.jp

Keisan 生活や実務に役立つ計算サイト（カシオ）

数学の公式、消費カロリー、年金など数値を入力するだけで様々な計算ができる
keisan.casio.jp

コトバンク

たくさんの辞書から用語を横断検索できる
kotobank.jp

原子力資料情報室

福島第一原発事故のとき役に立った
cnic.jp

第5章　学生の作文から

この章では、学生の作文を題材に「いい作文とはどんな作文か」をみていきたい。4年間で学生たちに出題したテーマは17項目あった。「大学でやりたいこと」「危機」「私のふるさと」「移民社会が来る」「理想のリーダー像」「日本ってどんな国？」など（129ページ参照）。

この中で「危機」をテーマとする作文は、すべての学生に書かせた。関西学院大学の学生たちが考える「危機」とは何だろう？　200人の学生には200通りの「危機」があった。

最初に文学部2年の学生が書いた「危機」を、紹介する（一部添削）。

「危機」

地震から学んだこと

大阪北部地震から今日でちょうど二年がたった。私は当時高校三年生で、その時の様子を鮮明に覚えている。

電車の先頭車両は人が密集しており、かろうじて扉近くのスペースを確保していた。朝のせいか、大半は気だるげな顔をして携帯を操作している。そして、私もその一部だった。そんないつもの光景の中、車内に突然、警告音が鳴り響いた。しばらく鳴りやまず、狭い車内ということもあり、強い不安に襲われる。揺れは感じず、誤報だと思った数秒後、LINEの速報が入った。どうしたらいいのか、今何をすべきなのかが分からない。ただただ不安だったことを覚えている。

電車を出て、全く知らない高校生と一緒に学校へ向かった。相手は制服を着た私立の女子で、なぜかお互い名前は聞かなかった。駅を出ると、町はざわざわとしている。とりあえず、線路の下をたどって三駅先の高校へと向かった。歩きながら家族の安否を確認する。姉は家におり、母も無事だった。父はエレベーターに閉じ込められていた。無事、学校に着き、皆の顔を見た瞬間心の底から安堵した。

電車が復旧し、帰宅すると家は停電していた。すぐに逃げられるようにと、薄暗く蒸し暑い玄関で母と姉は座っていた。地震発生時のことをそれぞれ話し合う。「線路の下を歩いた」と言うと、母に怒られた。「あぶないやろ！　もし余震で線路が崩れてきたらどうするの！」。それを聞いて、「確かに」と思った。

姉は家に一人でいる間、パンや水を近所のドラッグストアで買いこんでいた。店内は混雑していて、水は売りきれ寸前だったらしい。家には非常食を置いていなかった。

私はこの地震から危機感の低さを痛感した。もし、もっと強い地震がおきていたら？水は？　食料は？　全てがぬけ落ちていた。地震に練習はない。今回はたまたま運が良かっただけで、次もそうとは限らない。危機意識を強く持ち、あらゆる災害に備えようと強く思った。

２０２０年６月18日

文学部２年　米田　梨夏

6月18日の記憶

この作文を読んで驚いた。出題した日は、２０２０年6月18日だった。「危機」というテーマの出題は、抜き打ちだったにもかかわらず、米田さんは「大阪北部地震から今日でちょうど二年がたった」と書き始めた。6月18日をその地震が起きた日だと記憶していたのである。出題した私自身、そんなことはまったく知らなかった。

日付に対する敏感なアンテナが素晴らしい。朝の電車通学風景から入る導入も、ドキドキと引き込まれた。大阪北部地震は、早朝の午前8時前に起きた。高槻市などで震度6弱を観測し、朝の通勤通学ラッシュを直撃した。大阪府北部に住んでいた私も、社会部員として、箕面市や豊中市で取材に当たった。心が痛むのは、高槻市の小学校のブロック塀が倒れ、通学中の女児が犠牲になったことだ。この地震では6人が亡くなり、約５００棟が全半壊した。

火山列島の日本で、最大の危機は地震に違いない。阪神・淡路大震災（１９９５年）と、東日本大震災（２０１１年）。この国は、わずか16年の間に二つの巨大地震に襲われた。

米田さんの作文で「地震に練習はない。今回はたまたま運が良かっただけ」という締めくくりに共感する。欲を言えば、電車はどこを走っていたのか、学校の場所や停電はいつまで続いたかなど具体的データがあれば、さらにリアルさは増した。また、東日本や九州の人たちで、大阪北部地震を記憶している人は少ないと思われる。この地震の範囲や被害状況に言及すれば、よりいい作品となっただろう。いずれにしろ、時間と場所の記憶をたぐり寄せ、即席のテーマに対応できる臨機応変さと感性に感服した。

ちなみに、過去の地震の正確なデータは、内閣府のホームページの「防災白書」で確認できる。

オンライン授業へ

2020年1月30日、世界保健機関（WHO）は、新型コロナウイルスの感染拡大を受けて緊急事態宣言を出した。中国・武漢で感染が確認されてから、ウイルスは国境を越えて広がり始めていた。日本政府は4月7日、緊急事態宣言を東京、大阪など主要都市に出し、16日に全国へ拡大した。

関西学院大学は17日、「キャンパスでの対面式の授業（面接授業）が行えない代わりに、原則、すべての授業をオンラインでの授業（遠隔授業）に切り替える対応をとっています」と全学に周知文書を出した。

私が２０１９年から大学で始めた「作文教室」は、４００字詰め原稿用紙2枚に鉛筆で書かせていた。しかし、コロナによって20年春からは授業はＺｏｏｍによるオンラインに切り替えた。原稿はワード文書に打って、メールで送信してもらった。そのテキストを自宅で印字し、青ペンで添削。直した文書をＰＤＦ化して返信した。

21年からは、感染を警戒する学生はオンラインで、そうではない学生は対面授業を選べるようになった。対面学生と、パソコン画面上の学生の両者を相手にするのは至難の技。手間を省くため、すべての作文はワード文書に統一した。原稿用紙と違って、誤字脱字が減った。こちらの添削作業は楽になったが、筆圧や字体といった個性がわからなくなり、少し味気ない気持ちになった。学生たちが机に残した消しゴムかすでさえ、懐かしくなった。

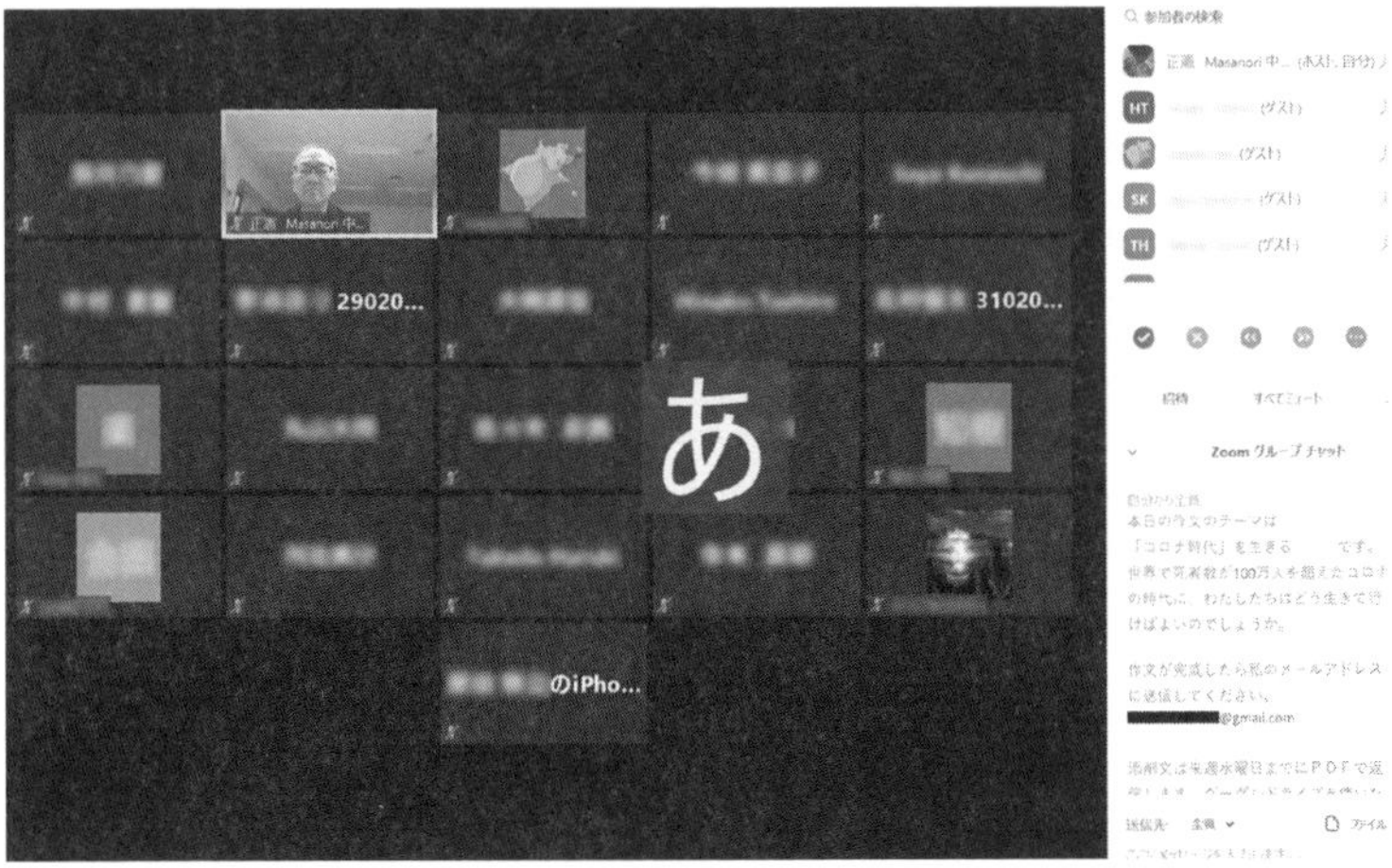

▲Zoomを使ったオンライン授業。パソコンに向かって話し続けた（2020年10月8日）

「危機」、過半数がコロナ題材

20年といえば、ウイルスへの感染が一気に拡大した年だ。その春学期と秋学期、55人の学生たちに「危機」をテーマに作文を書かせた。そのうち56％の31人が、「コロナ禍」の危機を題材にしていた。最も多かったのは、就職活動ができなくなったこと、留学をあきらめたことなど、学生生活に関係する話題で15人が書いてきた。

さらに視野を広げ、京都の観光業がダメージを受けている話、映画館や飲食店が閉鎖された話、アパレル企業の「セシルマクビー」が店舗を閉鎖した話など、社会への影響へ目を向けた作文を８人が書いてきた。最も「危機」としての深刻さが目に留まったのは、法学部の３年（当時）の永瀬凌子さんが書いた「独善的な行動の先に」という作文だった。一部抜粋して紹介する。

▲コロナ禍のなか、密を避けて対面授業に戻った（2021年９月30日）

「危機」

独善的な行動の先に

最近のニュースを見て気になることがある。アメリカの自国第一主義が先鋭化している。以前から、米中貿易戦争や地球温暖化対策を進めるパリ協定脱退など、世界中を震撼させてきたアメリカであった。が、新型コロナウイルスの世界的大流行が起き、国際協調が求められる中でもなお、独善的な動きが止まらない。

アメリカのトランプ大統領が世界保健機関（ＷＨＯ）への拠出金を停止した。そして、脱退を辞さない構えを示した。公平であるべきＷＨＯが、「中国寄りの立場をとった」ことを、大統領が不快に思ったらしい。

問題は、中国との覇権争いではない。拠出金停止で、非常に窮屈な立場に追いやられる人々が存在するということだ。

拠出金を使って援助する対象はコロナウイルスに限られていない。ＨＩＶウイルスやマラリアなど、貧困地域の感染症に対しての援助にも充てられたきた。その人たちが、アメリカからの拠出金打ち切りにより、援助を受けられない事態に追い込まれる可能性がある

のだ。（後略）

新型コロナウイルスという人類共通の敵が、世界を襲い、多くの死者が出ている。超大国アメリカは、「ＷＨＯ」と協力してこの危機に率先して立ち向かうべきだろう。しかし、トランプ大統領は、「ＷＨＯが中国寄りだ」と批判して、離反の方向に舵を切った。大局を見失った国への批判を率直に書いた。そして、その行為が貧しい国のほかの病気で苦しむ人々への援助にも影響を与えると心配する。「アメリカの独善」は、人類の危機につながりかねないという視点が鋭い。

「独善的な行動の先に」という見出しを、「米大統領の独善の先に」と少し変えてみた。誰の行動かを明示したほうが、より具体的になる。

「危機」というテーマは、様々なことを思い起こさせる。身の回りの危機も深刻には違いない。しかし、視野を広げ、危機の直径を地球規模にすることで、その文章は世界相手の読者を手に入れることができる。永瀬さんが示した「地球規模の視野」には、二重丸をつけたい。

学生たちの「危機」を、「地球規模の視野」から順番に並べてみた。

地球規模の危機

温暖化、ホッキョクグマが危ない
核保有国、核禁止条約に批准せず
環境家計簿つけ、温暖化対策
アメリカ、独善的な行動の先に
どうする年金財政
国民声上げ、検察庁法改正廃案
北大阪地震の教訓
「エモい？」言葉の乱れ
売上げ減った飲食店
紙の本減り、書店閉店
深刻なアパレル会社の経営破綻
映画館閉鎖を憂う
南北緊迫よりタレント不倫？
どうなる五輪開催

身近な危機

打撃受ける京都観光業
人情そぐソーシャルディスタンス
飲食店、テイクアウトに活路
閉店ライブハウス心配
ＵＳＪ、ＪＡＬ新卒採用中止
コロナ大変、バイト、部活、授業
転校生の孤独
部活、リーグ戦中止
焼き肉食べて食中毒
陸上練習中倒れた
祖父の死、乃木坂の歌で救われた
作文書けない
ノック直撃あわや失明
ネット苦手、留年の危機

20年の春学期、私も60分の時間制限を設けて「危機」をテーマに作文を書いた。

リスクを招く「人間」

危機が招く最悪の結果は死である。小学生が両親に虐待されて殺されたり、高齢者の運転する暴走車にはねられて亡くなったり、死は突然やってくる。

１９８５年夏には、日航機が群馬県の山中に墜落し、５２０人が犠牲になった。２００５年春には、兵庫県尼崎市でＪＲ西日本の快速列車が線路わきのマンションに激突して１０７人が死亡した。

自然災害となると、犠牲者の数はぐっと跳ね上がる。１９９５年の阪神・淡路大震災では神戸市を中心に６千人を超える人が亡くなった。２０１１年の東日本大震災では、津波が東北を中心とする沿岸部を襲い、死者数は1万5千人を超えた。いまだに2千人を超える人たちが行方不明のままだ。

こうした事件事故や自然災害による死に共通するのは、危機は前触れもなくやってくるということだ。被害者に降りかかった災厄、遺族の悲しみを思うといたたまれない。

危機には防げる危機と、防げない危機がある。せめて防げる危機は防ぎたい。地震や津波の発生は防げないが、津波で破壊された福島第一原発事故は防げた。なぜなら人間の所作だからだ。過去に津波に襲われた場所を、なぜ原発の立地場所に選んだのか。事故の起こる2年前には、東京電力の津波想定の甘さが、専門家会合で指摘されていた。

指摘を無視した東京電力の幹部たちがいた。原発推進の旗を振った歴代政権の政治家や官僚たちも、警鐘をやり過ごした。事故後、放射能汚染によって福島県だけで12万人が故郷を追われたのだ。今なお家に帰れない人がいる。

時間や範囲を超えて広がる放射能汚染による命の危機は、防ぐことができる。それはリスクにきちんと向き合う人がいればの話だ。だが事故後も被害想定を軽視し、再稼働を推し進める自民党政権に期待はできない。とすれば全原発は止める。それが最大の危機管理だ。

2011年3月、福島第一原発が津波に襲われ、運転中の3基が炉心溶融（メルトダウン）を起こした。事故が起こる前に、原発の専門家や、推進する経済産業省、族議員の間から漏れ出てきた言葉を反芻しながらこの原稿を書いた。事故前は、「杞憂」と笑い、事故後は、「想定外」と言う開き直りにあきれてしまった。こうした無責任体制が続く限り、日本で原発の運転は任せられないという思いを強くした。

仕事柄、大災害大事故の発生日時や、犠牲者数は頭の中に入れてきた。今は、スマホで簡単に調べられるものの、作文を書く上で数字や地名といった固有名詞は脳内に納めていた方がすらすらと筆は進む。もちろん、書き終わったあとに読み直して点検することを忘れてはいけない。

たとえば、阪神甲子園球場は約４ヘクタール、関西空港は１０６８ヘクタール、東京スカイツリーは６３４メートルという数字を覚えておく。そうすれば、未知のものの面積をイメージさせるときに役に立つ。たとえば、ドバイ国際空港が関西空港の約２・７倍とか、皇居は甲子園球場の28個分とか。新聞記事を書くときに、こういう指標は読者のイメージを助けてくれる。

「コロナ」の教訓

２０２０年7月2日、「『コロナ』の教訓」をテーマに８００字に挑んでもらった。ちょうど、感染の第一波が収まり、第二波の兆しが見え始めたころである。学生たちが書いた「教訓」はどれも、納得させるものだった。

第一波を経て、「情報をうのみにして、私の中でコロナの危険度は大きく高まった」（商学部4年）と書く学生がいた。それは「マスクがなくなるかも、というSNS上のデマは、国民の心を簡単に揺さぶってしまった。その日からすさまじいスピードでマスクや衛生用品が店頭から消えた」（経済学部2年男子）というパニックを生み出した。

「2月末頃、在庫があるにもかかわらず、トイレットペーパーが品薄になるというデマが拡散した。不安に駆られた人が買い占めに走った。私たちは簡単に情報に騙されること、そしてその修復がとても難しいことを知った」（経済学部2年女子）と、SNS上にはびこる虚偽情報に惑わされる怖さを指摘する人が多かった。

そこから得た教訓は、「自分にとって必要な情報か、正しい情報かを見極める。情報におぼれてはいけない。これがコロナから得た教訓である」（経済学部4年）、「噂を信じない、根拠を調べる」「ネットや新聞、テレビなど様々なメディアを使って情報を集め、取捨選択する」（社会学部3年）というのもあった。

4月に緊急事態宣言が出て、「不要不急の外出」を自粛するようにとの「お達し」が広がった。府県をまたぐ往来の自粛が呼びかけられると、「自粛警察」なる人々が現れた。国際学部3年生は「他府県ナンバーの車が傷つけられた。営業している飲食店が暴言を吐かれた。コロナに感染するのは本人の問題だと回答する割合が、日本は他国より突出して多いとNHKが報じていた」。こんな例を挙げ、感染者への怒り、感染への恐怖が「自粛警察を生み出した」と冷静に分析していた。そのうえで、「私たちは感染症の本質を理解し、感染予防するほか道はない。人を攻撃するのではなく防御すること」。それが教訓と書いていた。まさにその通りだと思う。

大切な政治参加

コロナから得た教訓は「政治へ関心を持つことの大切さ」との意見もあった。自民党政権が、コロナ対策として減収世帯への30万円給付を言い出したときのことを、法学部３年生が書いていた。「支給基準に批判の声が続出した。本当にお金を必要としている人に届かないのでは、と心配の声が聞こえてきた。そうして政府は方針を変えた。一人当たり10万円の特別定額給付金の支給が決まり、国民の声が政策に反映される事態を目の当たりにした」とつづった。

さらに、コロナ禍の最中に起きた出来事についても言及。「政府は東京高検検事長の黒川弘務氏の定年延長を画策した。政権に近いと言われる黒川氏を、検察のトップに据える魂胆が見え隠れしていた」と指摘。「この問題にＳＮＳを通して若者が声を上げた。『検察の独立性を壊す気か』。そうした反発が沸騰する中で、検察庁法改正案は廃案となった」。

「声を上げても意味がない。何も変わらない」。学生は「そんな諦めの感情を抱いていなかったか」と自問自答し、「私たちが関心を持って政治参加すれば政治は変わる」と書いた。

拍手を送りたくなる「教訓」である。最後にとりわけ、私の心に響いた一編を紹介したい。

日常の中の健康と幸せ

新型コロナウイルスが今なお、猛威をふるう。緊急事態宣言が発令され、バイトも大学の友達との遊びの約束もなくなった。解除後も大学は映像授業のままで、多くの課題がたまっていくのと並行してストレスも増え続けていく。

コロナ禍での私の生活はほめられたものではない。朝、八時にかけた目覚ましアラームを結局は無視して九時半に起き、テレビの情報番組「スッキリ」を見ながら、だらだらと朝食を食べる。早起きは得意な方だったが、なぜかそれが苦手になった。朝ご飯は食パン一枚とヨーグルトから、食パン半分しか胃が受けつけなくなった。

十時半あたりからパソコンを開け課題に取り組む。しかし、集中力が続かず、スマホやテレビを見ては課題に戻るという中途半端なことを繰り返してしまう。食事と昼寝以外はほとんど課題に費やすものの、最後まで課題に追われ結局、就寝するのは夜中の二時だ。課題が終わってもまた明日になれば新しい課題が出されるため、終わりが見えず達成感はあまり感じない。

趣味の読書の時間はなくなった。バイト帰りに買った五冊の本はまだ手つかずのものもある。本を読んでいても山のような課題が頭をよぎり、集中できないのだ。もちろん、テレビやスマホに気を取られずに、集中して課題に取り組めば趣味の時間は作れるのだろうが、実際に行動に移すことは難しい。

いつも通り大学に通っていれば、もっと私は元気だった。朝の満員の阪急電車も、仁川駅から大学までの遠い道のりも大変ではあったが、今ではそれが私の健康を支えていたのだと気づかされる。大学の昼食時に交わす友達とのささいな会話に幸せがあった。大学図書館で友達と隣同士の席で黙々と課題に取り組むことで、なぜかやる気がわいてきた。

何気ない日常に健康と幸せがある。それをコロナ禍の狭い部屋の中で気づかされた。コロナが終息しても日常は戻ってこないかもしれない。私の中で「日常」とは「健康と幸せ」と同じ意味を持つ。日常を取り戻す手立てを模索していきたい。

文学部2年　米田　梨夏

　リモート授業で隔離された日常の等身大の姿が描かれている。目覚ましアラームの1時間半後に起きる生活。テレビを見ながらの朝食は「食パン半分」。「手つかずの5冊の本」……。そして、コロナ前の通学、談笑の懐かしさ。文章に気負いも衒《てら》いもない。何気ない「日常」こそ「幸せ」だった、との平易な言葉で結ばれる。文章とは不思議なものである。もちろん、豊富な語彙力やおしゃれな比喩力があるに越したことはない。しかし、観察力と描写力を鍛えれば、易しい言葉で説得力のあるメッセージを発することができる。

▲密を防ぐため、座る席が指示された

担当授業で出題した作文テーマ

講義名　**学部**

スタディスキルセミナー（文章表現）　2019年度春学期　共通教育センター

- 大学で私がやりたいこと
- 悔しかった出来事
- 食材を考える
- 「移民社会」が来る
- 6月の関学キャンパス
- 危機

スタディスキルセミナー（文章表現）　2019年度秋学期　共通教育センター

- 大学で私がやりたいこと
- ヒートアイランド対策
- 私のふるさと
- 「移民社会」が来る
- 11月の関学キャンパス
- 危機
- 2019年、気になったニュース

スタディスキルセミナー（文章表現）　2020年度春学期　共通教育センター

- 私が大学でやりたいこと
- コロナの街で考えたこと
- 理想のリーダー像
- 「移民社会」が来る
- 危機
- 「コロナ」の教訓

スタディスキルセミナー（文章表現）　2020年度秋学期　共通教育センター

- 大学でやりたいこと
- 「コロナ時代」を生きる
- ふるさと
- 日本学術会議の任命拒否問題、あなたはどう考えますか
- 「移民社会」が来る
- 危機

スタートアップ演習　2020年度秋学期　法学部

- 大学でやりたいこと
- 「コロナ時代」を生きる
- ふるさと
- 日本学術会議の任命拒否問題、あなたはどう考えますか
- 危機

スタディスキル演習　2021年度秋学期　法学部

- コロナの街で考えたこと
- 危機
- 若者の投票率はなぜ低いか
- 日本ってどんな国?
- 理想のリーダー像
- 「移民社会」が来る

スタディスキル演習　2022年度秋学期　法学部

- 大学でやりたいこと
- 日本ってどんな国?
- 危機
- 理想のリーダー像
- 「移民社会」が来る
- 新型コロナの教訓

学生に聞く文章上達のコツ

本書に優秀作として作文を掲載させていただいた3人に、「文章上達のコツ」を聞いてみました（23年6月）。

竹田《たけだ》陽樹《はるき》さん（社会学部23年卒業）

小学生時代にたまに日記を書いて、単身赴任だった報道カメラマンの母親に送っていた。その際、「1行目が大事」という母のアドバイスは役に立った。僕は書き終わったあと、いつも見出しに悩んでいた。今回の講義で「見出しは8文字、9文字で」と

米田《よねだ》梨夏《りんか》さん（文学部23年卒業）

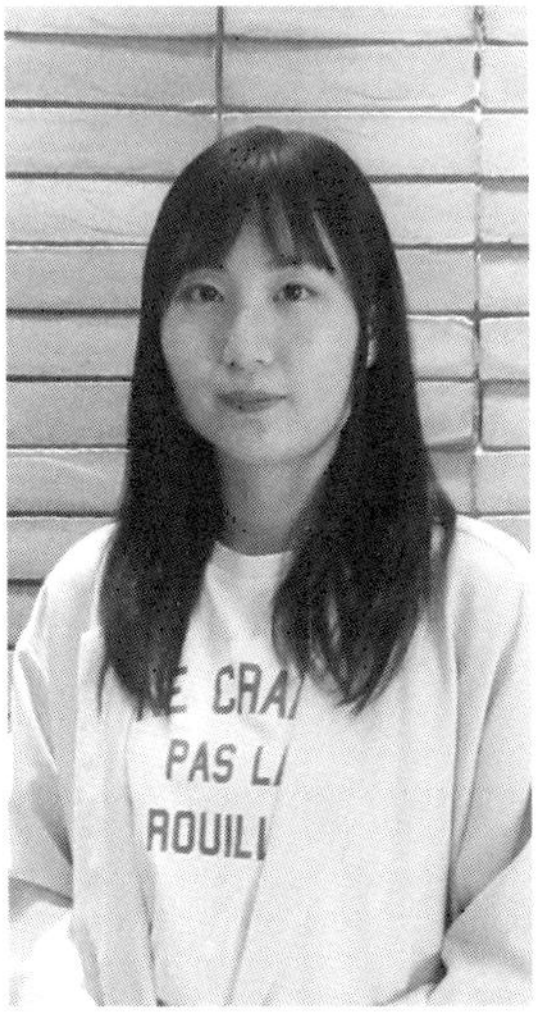

書く速さが人一倍遅かった。そんな行き詰まりから解放されたのは、文章表現の授業を受けて、「自分にしか書けないことを書く」「具体的に書く」というアドバイスを受けてからだ。途端に自分が何を書くべきか

教えられた。「キムチの香り」もそれを意識した。また、「私」を省くと、文章がすっきりするので、後輩のES指導でもそれを伝えた。

が見えてきた。2018年6月、高校に通学中に起きた大阪北部地震の体験を書いたとき、「電車の何両目に乗っていた」など、リアルに書くだけで作文の質が格段に上がった気がした。会社に入ってからは、「簡潔に書く」ことにも気をつけている。

三《みつ》瀬《ぜ》梨《り》央《お》奈《な》さん（文学部4年）

小中学校のころ、図書館が好きで週に5冊は本を読んでいた。エジソンとかマザーテレサとかの伝記が多かった。いまはノンフィクションを読む。大学に入ってからドイツ語を専攻している。直訳だと意味がわからないときがあるので、伝わりやすい日本語を探すように努めた。人の話を聞くのが好き。物事を調べる時に主観的にならないことが大事。そして、自分がこうだと先入観を持たないことにも気をつけている。

最後に、私の講義を受けた学生の中から2人が報道記者になりました。2人とも警察担当という連絡を受けました（23年6月現在）。忙しい現場取材のさなかに、後輩たちへのアドバイスをいただきました。

記者になった先輩からのメッセージ

村越洋平《むらこしようへい》　読売新聞和歌山支局記者（2021年社会学部卒業）

伝えたいことをシンプルにまとめることを意識するのが大事です。文章を書くとき、どうしてもあれこれ飾りをつけてかっこよくしたくなりますが、修飾語が多いと一文が長くなり読みにくくなります。

それに5W1Hを意識し、読み上げたときにすらすら進むか確認してください。途中でつっかかるなら、短い文章でテンポよく表現できないか検討する必要があります。ふだんから言葉に敏感になり、気になったときは辞書を引いたり、類義語を調べたりする癖をつければ自然と表現の幅は広がっていきます。

新聞記者になって留意していることは、あいまいな表現を避けること。細かい事実関係の取材には特に力を入れています。

記者になって3年目の今、和歌山県警キャップと司法を担当しています。ネットメディアも発達したことから、事件事故報道では、速報性よりも正確な情報を肉付けして、読みごたえのある記事にすることを重視しています。

弘永《ひろなが》優恵《ゆえ》　ＮＨＫ岐阜放送局記者（２０２１年総合政策学部卒業）

いま、主に事件事故を取材する岐阜県警キャップをしています。ＮＨＫのニュース原稿は、とりあえず発表スタイルと続報スタイルの2種類を覚えればいいので、文章のへたな私でもつとまっています。ニュース原稿はだいたい1分30秒。文字数にすると５００字ぐらいです。原稿をパソコンで打ち込むと、秒数が出てくるんです。

ニュース原稿には変な修飾語はつけない。５Ｗ１Ｈの事実を淡々と並べるだけです。そして、一番大切なことは、耳で聞いてわかる原稿にすること。つまり、ラジオの聴取者を意識して書いています。上司に原稿を出す前に音読しています。難しい言葉を、いかにかみくだくかが大切。記者になって必要なことは三つ。メンタルの強さ、嫌がられない図々しさ、上司とのコミュニケーションです。これからはネットへ記事を出すことも、求められています。「オンザジョブトレーニング」で、文章術を磨いていかなければなりません。

テレビ離れが進むなか、自分が伝えたいネタをどう報道するか、毎日が試行錯誤です。

寄稿

言葉の海の泳ぎかた

小説家　新川 帆立

この本、もっと早く出してくれればよかったのに。

小説家として多くの恥をかきながら（ブックレビューで散々叩かれながら）、少しずつ文章力を上げてきた。もともと弁護士として働いていたので、「何月何日、誰が、誰に対して、何をした」という語順で文章を書く癖があった。主語は省略しないし、読点も異様に多い。厳密な法的議論を伝えるための文章技術である。だがその文章で小説を書くと、カクカクしてすごく読みづらいようだ。様々な方から指摘を受け、多くの書物に触れ、小説にふさわしい文章を探してきた。

純文学、エンタメ小説、ライト文芸、ライトノベル等、出版レーベルによって、「良い」とされる文章は異なる。さらにエンタメ小説の中でも、歴史・時代もの、ハードボイルド、ミステリー、ＳＦといったジャンルによって、好まれる文章は少しずつ違う。

とはいうものの、どんなタイプの文章にも一定の法則はある。基本的なポイントを押さえたうえで、自分の目的にそった文章を構築していくのがベストだと思う。カラオケで言うと、音程やリズムを正しくとれるようになってから、好きな歌い方をするイメージだ。

ではその、「文章の基本」とは何だろう。

いつも頭を抱えながら、書いては消し、読んでは真似をし、めげずに書いて……という地道な作業を繰り返してきた。

デビュー以来の成長物語は涙なくして語れないので、これ以上は割愛する。

ただ、これまでの道のりで苦労して得た「文章の基本」が、本書にそのまま載っているのを見たときの心境を想像してほしい。

せめて第二章の内容だけでも、誰かから教わっていれば、各段に早く上達したはずだ。実例とともに示された秘訣は、普遍的なものばかりである。新聞記事、小論文、社説だけでなく、小説やエッセイ、ビジネスメールを書くときも同じだ。

文章術というのはつまるところ、読み手への思いやり、真心、愛なのだろう。

本書の第三章以降は、単なる文章技術指南にとどまらず、論理的に文章を組み立てる思考過程を示している。書くことは結局、考えることだ。文章を書くなかで論理の飛躍に気づくことがある。嘘のない言葉、正確な言葉、自分の思考をぴったり表す言葉を粘り強く探すことで、考えが深まっていく。

SNSが発達し、ものすごいスピードで言葉がやりとりされる時代だからこそ、腰をすえてじっくり文章を書く経験は貴重だ。

私たちは心に言葉の衣をまとって暮らしている。お仕着せの言葉では小さすぎて苦しかったり、大きすぎて空しかったりする。自分が見たもの、感じたことを正確に、ぴたっと言い表す言葉は、自分の中からしか出てこない。

自分の心を見つめ、読み手の気持ちを想像しながら、丹念に言葉を重ねる。

できあがった文章を他人が読んで、ビシッと受けとめてくれたときの感動といったら。大げさではなく、「生まれてきてよかったな」と思う。人とつながることではじめて、世界に受け入れられ、居場所を見つけることができるのだから。

文章は書けば書くほど、読めば読むほどうまくなる。

本書を片手に言葉の海に飛びこんで、あなただけの表現の世界を見つけてほしい。

願わくば、私もどこかでそれを読みたい。

おわりに

２００9年から2年余り、朝日新聞阪神支局長をつとめました。関西学院大学が同じ西宮市にあるご縁で、10年から18年まで法学部の「メディアと政治」の講義を年に2回、担当させていただきました。新聞社を退職後は、「文章表現」などの講義を受け持ちました。

学生たちにはその都度、「阪神支局襲撃事件を知っていますか」と聞いています。当初は、3分の1ぐらいの学生が手を挙げましたが、この4、5年は誰も手を挙げないことがあります。36年前に起きたこの未解決事件を知る人は今、ほんのひと握りです。

１９８7年5月3日の夜、目出し帽の男が阪神支局に侵入し、散弾銃を発砲しました。入社が一年先輩だった小尻知博記者（29）は殺され、犬養兵衛記者（42）は重傷を負いました。犯人は無言のまま立ち去り、「赤報隊」という名前で、たくさんの犯行声明や脅迫状を送り付けてきました。しかし犯人は捕まらず、事件は時効になってしまいました。脅迫状の中でも「反日朝日は　五十年前にかえれ」という言葉が胸に残っています。

事件当時、私は同じ兵庫県の北部にある豊岡支局の記者でした。支局の管内に出石《いずし》という町があります。２００７年4月17日、この町出身の政治家、斎藤隆夫を顕彰する記念館「静思堂」を訪ねました。論説主幹だった若宮啓文さんの取材に同行し、斎藤のあの国会演説（１９４０年2月2日）の録音テープを聞きました。「二・二六事件」が起き、日本が戦争へ走り出したころ、斎藤は軍部批判の演説をしました。

「ただ徒《いたずら》に聖戦の美名に隠れて、国民的犠牲を閑却し、曰く国際正義、曰く道義外交、曰く共存共栄、曰く世界の平和、かくの如き雲をつかむような文字を並べ立てて、そうして千載一遇の機会を逸し、国家百年の大計を誤ることがありましたならば……」

演説はヤジでかき消されそうでしたが、「聖戦の美名」のくだりはかろうじて聞き取れました。美辞麗句を並べ立てて、大陸の侵略を加速させる軍部への痛烈な批判でした。しかし、この後、斎藤は国会を除名されました。この勇気ある演説は、どの新聞社も報じることなく葬り去られました。

これが、阪神支局襲撃事件の50年ほど前の出来事です。

朝日新聞を「五十年前にかえれ」と脅迫した「赤報隊」は、アジア太平洋で数多《あまた》の犠牲者を出した日本の「侵略戦争」を「聖戦」と書け、と言いたかったのでしょうか。犯人の脅迫に屈すれば、思うつぼです。

「言論、表現、報道の自由」を書き込んだ「憲法」の記念日に起きた事件は、その自由に歯向かうものでした。自分と異なる意見を銃弾でねじ伏せるやり方に、「匿名」の一味の姑息さが垣間見えます。赤報隊の脅迫文には「反日朝日」という言葉もありました。いま、ネット上に飛び交う「反日」の言葉と同じ臭いがします。

授業の最後にはいつも、阪神支局の資料室の見学を呼びかけてきました。支局3階の資料室には「言論・報道の自由」について考える展示物が飾ってあります。これまで約20人の学生を案内しました。学生たちは、小尻記者が座っていたソファを見つめ、銃弾でへこんだペンを凝視し、ひとことも言葉を発しません。息をのんでいたというのが正しい表現かもしれません。

ここを訪れた学生がこんな言葉を残していました。「反論する唯一の手段は言葉であり、決して暴力ではありません。しかしいま、SNSによる誹謗中傷が問題となり、人を死に追いやることもあります。私たちは使う言葉を選ばなければなりません」

その通りだと思います。SNSの時代の「伝わる文章」とは、慎ましくあらねばならないと思います。そのための言葉を磨き、選びましょう。相手を押し黙らせる言葉ではなく、共感する言葉を。ルサンチマンではなく、寛容の心を持って。

私の講義を受講していただいた学生のみなさんの作文をベースに、この本を書くことができました。改めて感謝いたします。特に「失敗例」を、使わせていただいた学生の方々（匿名）

には、この場を借りてお礼申し上げます。

かつて同僚だった、元朝日新聞大阪本社校閲センター長の徳山浩文さんには、誤字脱字や私の事実認識の誤りについて的確な修正を加えていただきました。関西学院大学教務機構事務部の野崎里佳さんには、卒業した学生との橋渡しをしていただきました。関西学院大学出版会の戸坂美果さん、松下道子さんには、編集上のルールをいろいろと教えていただきました。改めて感謝申し上げます。

和歌山市の選挙演説会場で起きた岸田首相襲撃事件（23年4月）の取材のさなか、原稿を寄せていただいた読売新聞記者の村越洋平さん、岐阜市の陸上自衛隊射撃場で起きた隊員殺傷事件（23年6月）の渦中、原稿を送っていただいたNHK記者の弘永優恵さん、忙しいなか、ありがとうございました。皆様の力添えがなければ、完成に漕ぎつけることはできませんでした。

そして、デビュー作『元彼の遺言状』で第19回「このミステリーがすごい！」大賞を受賞した新川帆立さんから、素敵な寄稿文をいただきました。身に余る言葉の数々。言葉の海でおぼれないために、人とつながる文章の大切さをかみしめ、伝えていきたいと思います。

2023年9月11日

中村 正憲

参考文献

井上ひさし『井上ひさしと141人の仲間たちの作文教室』新潮文庫、2002年
村上春樹『村上春樹　雑文集』新潮文庫、2015年
清水幾多郎『論文の書き方』岩波新書、1959年
若宮啓文『闘う社説――朝日新聞論説委員室　2000日の記録』講談社、2008年
『朝日新聞の用語と取り決め』朝日新聞社、2018年
松本健一『評伝　斎藤隆夫――孤高のパトリオット』岩波書店、2007年
川端康成『初恋小説集』新潮社、2016年

12個の間違い探し

授業中、学生たちに出した「間違いを探そう」という問題です。
次の新聞記事には、合計12ヵ所に間違いがあります。
校閲記者になって、探してください。（2020年12月18日）

「米大統領夫妻を歓迎する宮中晩餐会は、不測の事体を想定して従来からの警備員を倍増して警戒に当たった。欧州で相次ぐテロの波及を念頭に入れた措置で、晩餐会は滞りなく進み、成功裏のうちに幕を閉じた。

一方、与野党の国会議員二十人が農産物の輸入拡大を求める親書を米大統領に渡し、輸出規制圧力の徹回を求めた。」

「韓国の世論調査会社によると、日本との軍事情報包括保護協定の破棄支持は過半数を超え、今の現状を打開する措置として広まっていることが分かった。」

「米国防総省のシステムに関する契約を逃した米アマゾン社は、100億ドル（約1億4千万円）の損害を求めて米政府を提訴した。同社幹部は、敵視する米大統領への不満を垣間見せた。」

答えは次のページ

間違いを探そう（前ページの答え）

米大統領夫妻を歓迎する宮中晩餐会は、不測の①**事体**（事態）を②**想定し**（不測**だから想定できない**）て③**従来から**（から不要）の警備員を倍増して警戒に当たった。欧州で相次ぐテロの波及を念頭に④**入れた**（置いた）措置で、晩餐会は滞りなく進み、⑤**成功裏のうちに**（のうち不要）幕を閉じた。

一方、与野党の国会議員二十人が農産物の輸入拡大を求める⑥**親書**（要望書）を米大統領に渡し、輸出規制圧力の⑦**徹回**（撤回）を求めた。

韓国の世論調査会社によると、日本との軍事情報包括保護協定の破棄支持は⑧**過半数**（過不要）を超え、⑨**今の現状**（今の不要）を打開する措置として広まっていることが分かった。

米国防総省のシステムに関する契約を逃した米アマゾン社は、⑩**100億ドル**（約1兆4千億円）（約1兆4千億円）の⑪**損害**（賠償）を求めて米政府を提訴した。同社幹部は、敵視する米大統領への不満を⑫**垣間見せた**（のぞかせた）。

著者略歴

中村正憲（なかむら・まさのり）

関西学院大学非常勤講師、フリーランス記者、元朝日新聞記者。1983年、朝日新聞社入社。和歌山支局、兵庫県豊岡支局（和田山駐在）、神戸支局、大阪本社整理部、徳島支局、松江支局、大阪本社社会部、奈良支局で勤務。その後、大阪本社社会部デスクから論説委員、阪神支局長、高松総局長、東京本社お客様オフィス部長などをつとめる。ダム問題、JR宝塚線脱線事故、橋下大阪府政などの社説を担当。広島大学総合科学部卒業、長崎市生まれ。

関西学院大学での担当授業

2010～18年　法学部「メディアと政治」

2019～20年　共通教育センター「文章表現」

2020～22年　法学部「スタディスキル演習」（再履修）

新聞社デスク流　熱血作文教室

2023年11月1日 初版第一刷発行

著　者　中村正憲

発行者　田村和彦
発行所　関西学院大学出版会
所在地　〒662-0891
　　　　兵庫県西宮市上ケ原一番町1-155
電　話　0798-53-7002

印　刷　株式会社クイックス

Printed in Japan by Kwansei Gakuin University Press
ISBN 978-4-86283-368-6
乱丁・落丁本はお取り替えいたします。